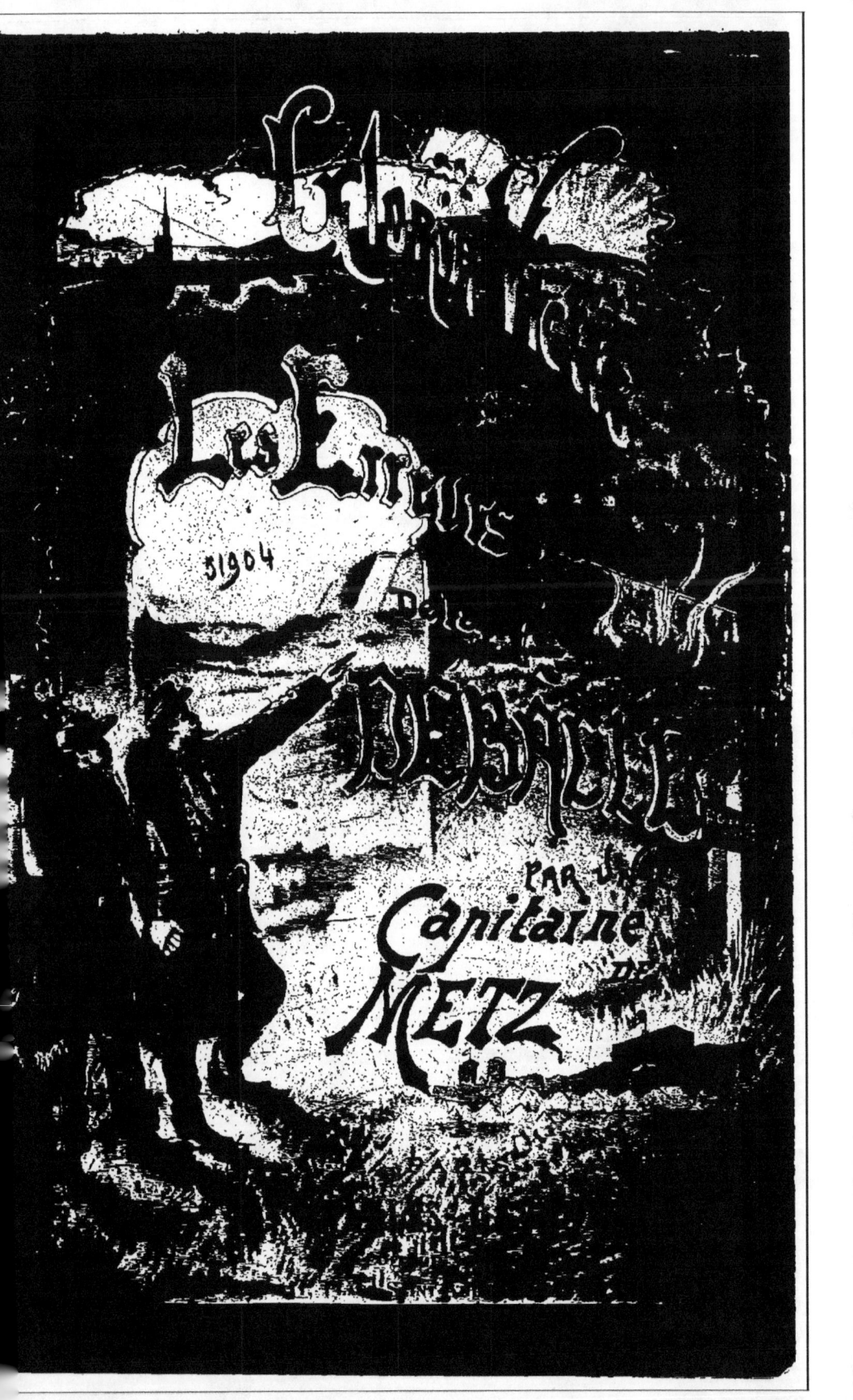

GLORIEUSE

LES LIGNES

DE BRÜLL

PAR UN

Capitaine
DE METZ

51904

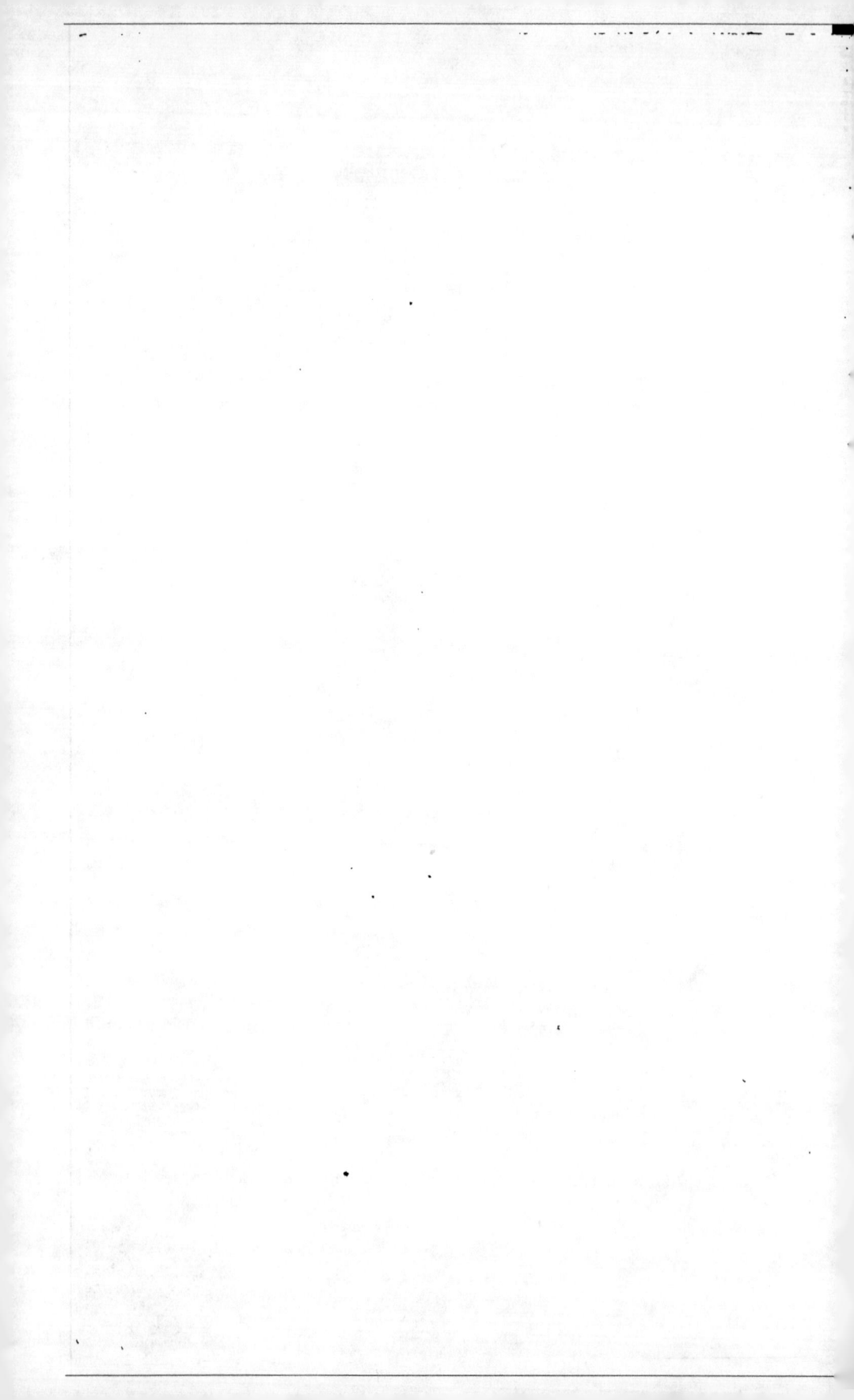

L'ARMÉE FRANÇAISE

DEVANT L'INVASION

ET LES ERREURS DE " LA DÉBACLE "

GLORIA VICTIS

L'ARMÉE FRANÇAISE

DEVANT L'INVASION

ET LES ERREURS DE " LA DÉBACLE "

PAR

UN CAPITAINE DE L'ARMÉE DE METZ

PARIS ‖ LIMOGES

11, Place Saint-André-des-Arts ‖ 46, Nouvelle Route d'Aixe, 46.

Henri CHARLES-LAVAUZELLE

Éditeur militaire.

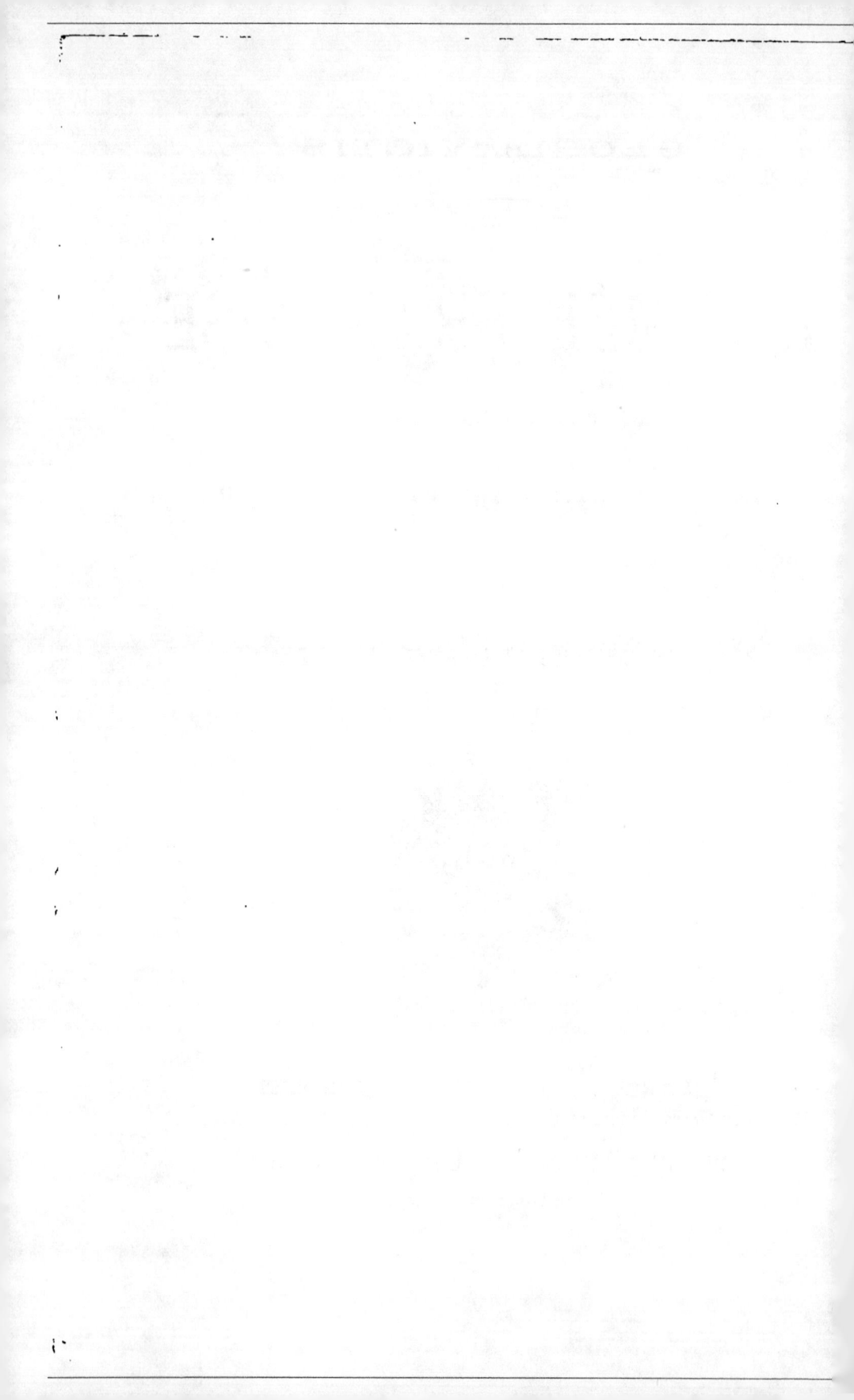

PRÉFACE

Il en est des histoires, des romans, des pièces de théâtre, comme de tout ici-bas : il importe de n'en pas exagérer la note. Le public est notre juge en dernier ressort. Or, ce cas est celui de M. Emile Zola.

En écrivant la *Débâcle*, l'éminent romancier ne s'est pas rendu compte qu'il allait heurter, froisser l'un des sentiments les plus délicats du citoyen, du patriote, celui de l'amour-propre national, et celui du bon sens.

On ne *naturalise* pas, on ne *romantise* pas le drame le plus effroyable, le plus grand qui puisse se passer pour une nation, celui de la guerre, surtout quand celle-ci se termine par l'amputation de deux provinces.

Une lutte semblable, si pénible, si triste même qu'elle ait pu être dans les détails, ne se personnifie pas dans les passions de quelques personnages secondaires. La question est plus haute. Dans les conflagrations de cette amplitude, l'homme n'est rien, les chefs tout.

En fait, la guerre est un abcès qui perce.

L'opération dernière est courte, mais les pro-dromes en sont terriblement longs.

Tout le drame était là, dans cette préparation lente du conflit final, dans les antichambres de la cour, de la guerre et de la marine, dans ces four-gons impériaux errant à travers les plaines de la Lorraine et de la Champagne, dans cette nuée de courtisans découragés, accompagnant le chef de l'Etat malade vers ce calvaire nouveau, SEDAN.

Pour moi, toute la moralité de cette guerre est dans ce mot, prononcé d'une voix rauque par un capitaine des lanciers de la garde passant, le 15 août 1870, avec son escadron devant l'Empereur gisant affaissé sur une chaise à la porte de la Maison-Blanche :

Morituri te salutant, Cæsar !

Elle est également dans cet hôtel de l'Europe à Metz, transformé en quartier général et où les offi-

ciers, les femmes de chambre, les nourrices, les
étrangers et les garçons grouillaient à volonté,
pour la plus grande sécurité du service.

Honneur donc et succès au savant et brave officier soucieux de mettre un terme aux erreurs in-
conscientes de M. Emile Zola! En ce faisant, il
aura bien mérité de l'armée et de la patrie.

Général JUNG.

L'ARMÉE FRANÇAISE

ET LES ERREURS DE " LA DÉBACLE "

I

Considérations générales sur la « Débâcle »

La *Débàcle* paraît, depuis quelque temps, en livraisons illustrées à 10 centimes; elle s'est d'abord peu vendue dans le peuple; mais une réclame constante, le nom de l'auteur, le sujet et le titre du roman ainsi que la modicité du prix, tous ces motifs font que cet ouvrage — qui est présenté au public *comme une œuvre historique* — se répand peu à peu dans les villes et dans les campagnes.

On pourrait peut-être trouver une autre cause à la diffusion de ce livre dont les idées sont absolument destructives de tout sentiment d'honneur, de toute élévation de l'âme, de tout patriotisme, de tout esprit militaire. Diminuer insensiblement, mais chaque jour, dans une nation les grandes aspirations qui la rendent forte et redoutable est un but qui peut tenter et que peut poursuivre un ennemi opiniâtre et patient. Il est facile de répandre dans les fermes et dans les ateliers des ouvrages choisis parmi ceux qui, sous des formes diverses, s'attaquent à l'armée, à la société, à la famille, à la religion. Si les germes démoralisateurs dont ils sont remplis font leur œuvre, l'ennemi peut espérer de récolter un jour ce qu'il aura semé.

Nous n'insistons pas sur cette idée qui pourra faire sourire un certain nombre de lecteurs. Mais ceux qui ont étudié dans ses petits détails l'histoire de nos rapports avec l'étranger depuis 1866 jusqu'à nos jours se sont trouvés en présence de faits tout aussi étonnants et tendant tous au même but : chercher autant que possible, et par tous les moyens, à favoriser la désorganisation morale, politique, financière et économique du pays, pour en avoir plus facilement raison lorsque le jour de la grande lutte sera arrivé. Quoi qu'il en soit, pour une raison ou pour une autre, la *Débâcle* se lit beaucoup : nous croyons qu'il y a là un danger, et comme nous pensons que la lecture de ce roman peut fausser les jugements, amollir les caractères et amener des dé—

sordres moraux dont les conséquences peuvent être des plus graves, nous avons écrit ces quelques pages pour essayer de combattre le mal en faisant ressortir toutes les erreurs et toutes les exagérations dont ce livre est rempli.

Lorsque, il y a quelque temps, M. Zola fit publier son œuvre en livraisons illustrées, cette publication était précédée de la lettre suivante : « Vous allez publier la *Débâcle* et vous me demandez quelques lignes de préface. D'ordinaire, je veux que mes œuvres se défendent d'elles-mêmes et je ne puis que témoigner ma satisfaction en voyant celle-ci publiée par un grand journal populaire qui la fera pénétrer dans les couches profondes de la démocratie.

» Le peuple la jugera et elle sera pour lui, je l'espère, une leçon utile. Il y trouvera, ce qu'elle contient réellement : l'histoire vraie de nos désastres, les causes qui ont fait que la France, après tant de victoires, a été misérablement battue, l'effroyable nécessité de ces bains de sang d'où nous sommes sortis régénérés et grandis. Malheur aux peuples qui s'endorment dans la vanité et la mollesse! La puissance est à ceux qui travaillent et qui osent regarder la vérité en face. »

Ainsi, M. Zola ne se contente plus d'être un

romancier : il veut être historien, et il va faire
connaître à ce qu'il appelle « les couches profondes de la démocratie » l'histoire vraie de nos
désastres et les causes qui les ont amenés. Si,
jusqu'à présent, l'ouvrage a eu un nombre relativement restreint de lecteurs, ce nombre va
augmenter dans de grandes proportions, et le
paysan comme l'ouvrier vont apprendre l'histoire d'après la *Débâcle*.

Certes, M. Zola avait un assez grand talent pour
écrire une histoire anecdotique et populaire de la
guerre de 1870, et pour se faire écouter par tous.
A côté des fautes, des erreurs et des défaillances
il aurait pu montrer les faits glorieux, et il pouvait en glaner à pleines mains dans ces grands
combats des débuts de la guerre qui s'appellent
Wissembourg, Wœrth, Borny, Rezonville, Saint-
Privat. Il aurait pu, sans rien exagérer, nous
parler des cruautés inutiles des vainqueurs,
des souffrances endurées par les habitants, des
privations et des humiliations imposées aux prisonniers. Dans cette histoire, nos enfants auraient
appris que si leurs pères avaient été vaincus en
1870, ils ne l'avaient été qu'à la suite de fautes
dont ils ne peuvent être rendus absolument responsables ; que la France, au milieu de ses désastres, était toujours restée digne d'elle-même, et

qu'elle n'était tombée mutilée qu'après avoir
lutté jusqu'au bout. L'auteur de la *Débâcle* n'a pas
vu le rôle qu'il avait à jouer. Du reste, la com-
préhension des grands élans de l'âme, des grands
sacrifices, des héroïques abnégations, paraît absolument lui manquer : il ne voit autour de lui
que des actes intéressés, que des sentiments bas
et grossiers, que des caractères avilis se mou-
vant continuellement au milieu des passions les
plus bestiales. Nos paysans, nos ouvriers, nos
prêtres et nos bourgeois ont successivement défilé devant nos yeux, représentés par d'ignobles
personnages : l'étranger a lu avec le plus grand
intérêt ces pages, qui avaient la prétention de
représenter nos mœurs, et il a constaté avec satisfaction que la France, qu'on aurait pu croire
encore honnête, forte, intelligente et travail-
leuse, n'était qu'une moribonde dont la décom-
position morale était complète. Mais, disait-on,
tout cela n'est que du roman, et un genre de
roman qu'on ne lit plus beaucoup et qu'on ne lira
certainement pas dans quelques années. D'accord : mais aujourd'hui l'auteur de *Nana* et de
Pot-Bouille ne fait plus du roman ; il veut faire de
l'histoire : de *l'histoire vraie*, comme il le dit, et
il va apporter dans le récit des faits de la plus
douloureuse année qu'ait vécue sa nouvelle pa-

trie, les monstruosités morales qu'il voit partout : il les créera le plus souvent de toutes pièces; il exagèrera, en les colorant, celles qui ont pu exister; il ne s'attachera qu'à elles et les présentera en disant : voilà la vérité, voilà ce qu'étaient les hommes de 1870.

Il n'y avait en France, à cette époque, que des égoïstes, des lâches, des incapables et des indisciplinés : généraux, soldats, bourgeois, paysans, ne formaient qu'un ramassis d'êtres dégradés, ne pensant qu'à sauver leur peau et à remplir leur ventre, et chez lesquels on n'a jamais vu poindre la plus faible lueur de patriotisme ou d'abnégation. Voilà la vraie cause de vos désastres, nous dit l'auteur de la *Débâcle*, et il va nous montrer dans tous ses détails cette période historique.

Non, hâtons-nous de le dire, la *Débâcle* n'est pas une page d'histoire; la *Débâcle* n'est qu'un odieux pamphlet dans lequel l'armée française, si vaillante et si malheureuse, est continuellement traînée dans la boue, et aujourd'hui que ce pamphlet circule partout en livraisons illustrées, il nous a semblé opportun de chercher à rétablir la vérité en présentant les faits d'après les documents officiels, et en faisant ressortir toutes les faussetés et toutes les exagérations dont il est rempli.

Le mal que causera la lecture de cet ouvrage peut être des plus grands, et si l'auteur y avait réfléchi il n'aurait pas écrit ces pages si dangereuses.

Parmi les milliers d'hommes qui les liront et les commenteront, il y en aura beaucoup chez lesquels cette lecture pourra avoir une influence morale des plus pernicieuses. Quelles seront les pensées d'hommes mauvais ou peu intelligents, lorsqu'ils liront les scènes d'indiscipline, de révolte, de pillage, de lâcheté qui fourmillent dans cette œuvre? quelles idées naîtront chez certaines natures lorsqu'elles verront que tous les officiers de 1870 étaient des imbéciles, des vendus, ou des lâches, que les sous-officiers et les caporaux ne valaient pas mieux, et que les soldats qui chapardaient et qui s'enfuyaient le jour du combat étaient en somme ceux qui se tiraient le mieux d'affaire?

Le mépris de toute autorité, l'indiscipline poussée à ses dernières limites, l'amour effréné de la bête, forcément lâche quand aucun noble sentiment ne l'anime, toutes les malsaines théories de Chouteau et de Loubet, voilà ce qui frappera surtout certaines imaginations qui passeront évidemment, sans les apprécier, à côté des quelques belles pages descriptives de l'œuvre. Tous ces hommes pervertis par cette lecture et par les conversations qui en auront été la conséquence, énervés par les dangers continuels de la guerre, pourront aussi se demander pourquoi ils vont se battre; pourquoi ils portent le sac comme des bêtes de somme (page 31); pourquoi ils ne « le f..... pas dans le champ avec le flingot pour voir s'il en pousse d'autres »; pourquoi enfin « ils ne filent pas tranquillement en laissant les généraux de quatre sous se débarbouiller comme ils l'entendront avec les Prussiens » (page 47).

Voit-on les conséquences effroyables de ce courant malsain, et peut-on se rendre compte de ce qui arriverait si de pareilles idées étaient répandues dans une armée composée en grande partie d'éléments ayant perdu, depuis plus ou moins longtemps, l'habitude du tact des coudes, de la discipline et de l'obéissance passive ?

Avec les énormes agglomérations des guerres futures, avec des armes qui tueront, sans bruit, à des distances considérables et sans qu'on puisse voir d'où vient la mort ; alors que le bruit des détonations ne couvrira plus les cris des blessés, et que la fumée ne répandra plus autour des combattants le nuage qui cache les horreurs du combat, — il faudra que les âmes soient fortement trempées — que le moral du soldat soit à la hau-

teur des circonstances, — que la confiance dans
les chefs soit complète, — que la discipline soit
absolue, — que chacun enfin ait en soi, et au plus
haut degré, l'élan patriotique qui fait tout suppor-
ter, jusqu'au dernier sacrifice, pour le salut de la
patrie.

Dans toutes les nations, le lendemain des désastres, les écrivains patriotes se sont toujours
levés pour parler au peuple et pour retremper les
âmes.

Après la prise de Sébastopol, la grande Russie
s'inclina et ses historiens firent ressortir toute la
grandeur de la lutte qui venait d'avoir lieu, en
exaltant l'héroïsme des vaincus.

En 1859, l'armée autrichienne fut battue à Mon-
tebello, à Palestro, à Magenta, à Melegnano et à
Solferino.

En 1866 elle subit défaites sur défaites à Liebe-
nau, à Turnau, à Podol, à Münchengratz, à Na-
chod, à Skalitz, à Kœniginhof, à Schweinschadel
et à Sadowa. — Après cette dernière bataille, il y
eut sur la route de Kœniggrætz une effroyable
déroute : l'armée entière, jetant ses armes et ses
·bagages, s'enfuit dans un désordre tel qu'elle fut
incapable de se reformer même dans les jours
suivants.

Après cette année douloureuse, pendant la-

Les Erreurs.   2

quelle l'Autriche avait subi, à tous les points de vue, des échecs presque irréparables, il ne vint à l'idée d'aucun écrivain autrichien de dire au peuple qu'il n'avait été vaincu que parce que tout était pourri en lui et autour de lui — et qu'un bain de sang avait été nécessaire pour le régénérer.

Au lendemain d'Arcole et de Rivoli, d'Ulm et d'Austerlitz, d'Iéna et d'Auerstaedt aucun auteur allemand n'a pris la plume pour montrer les défaillances des armées, — pour décrire en les exagérant les horreurs des déroutes et les lâchetés qui en sont la conséquence, — pour jeter l'opprobre et la déconsidération sur les généraux vaincus. — Bien au contraire, une pléïade d'écrivains s'est levée pour exalter tous les nobles et grands sentiments du peuple qui n'avait pas su vaincre, — pour pallier les fautes qui avaient été commises, pour prêcher surtout la haine du vainqueur. Toutes ces idées patriotiques entretenues avec soin par de nombreux ouvrages dans toutes les classes de la société ont germé lentement dans les masses, et ont abouti à cette formidable organisation morale et matérielle qui nous a broyés.

Après ses épreuves, la France a eu ses écrivains et ses poètes pour relever les cœurs et pour

donner la foi dans l'avenir ; mais elle attend encore son historien populaire, ayant un nom assez
grand et assez respecté pour se faire écouter par
tous, et qui, disant toujours toute la vérité, don-
nera ainsi à la jeunesse les idées saines et vraies
qui sont la base de l'éducation patriotique.

Ce n'est pas dans la *Débâcle* que le peuple pui-
sera la leçon utile dont parle l'auteur dans sa
préface, et que les jeunes générations pourront
apprendre les grands devoirs qu'elles auront à
remplir : elles ne trouveront dans ce livre que de
mauvais exemples, des conseils pernicieux, des
idées dissolvantes, et c'est pour ces motifs qu'il
doit être considéré comme des plus mauvais et
des plus dangereux, au point de vue national.

II

Causes principales de nos désastres. — Forces
des armées au début de la guerre.

Ce n'est que dans quelques années que l'histoire, complètement dégagée de nos idées de
parti, pourra nous faire connaître les véritables
causes morales, politiques et sociales qui ont fatalement amené les désastres de 1870. Mais les
causes que l'on peut appeler purement matérielles, nous les connaissons déjà et on peut les
résumer en quelques lignes.

La guerre a été commencée sans plan arrêté
et, dès le début, il n'y a eu aucune direction. Nos
corps d'armée sont éparpillés sur la frontière sans
liaison entre eux, jetés au hasard, avec des effectifs dérisoires. — La mobilisation va se faire en
face de l'ennemi. Malgré les déclarations for-
melles du ministre de la guerre, nos magasins
sont vides, ni nos ambulances ni nos convois ne
sont organisés, aucun marché n'est passé. Notre
artillerie était inférieure sous tous les rapports
à l'artillerie ennemie : ni nos officiers, ni nos
soldats ne connaissaient suffisamment la tacti-

que nouvelle à employer avec les armes à longue portée. Enfin, nous allions nous présenter à la frontière avec 270.000 hommes alors que l'Allemagne disposait immédiatement de 600.000 combattants bien armés, bien approvisionnés, instruits, rompus à la discipline, emportant avec eux le souvenir de leurs victoires sur l'Autriche et ayant au cœur l'amour de la patrie et la haine du Français. Telles furent d'une manière générale les véritables causes de nos défaites. Mais à côté de tous ces éléments d'infériorité il ne faut pas oublier qu'il y avait chez nous et au plus haut degré, depuis le général jusqu'au dernier soldat, un grand élan patriotique, un courage et une abnégation qui se sont montrés sur tous les champs de bataille, et une discipline qui, malgré les théories malsaines des derniers jours de l'empire et les circonstances déplorables dans lesquelles nous nous sommes trouvés, était encore suffisante pour maintenir les soldats dans la main de leurs officiers. Voilà ce qu'il faut dire bien haut, et, si les fantoches grotesques que nous montre la *Débâcle* ont existé autre part que dans l'imagination de l'écrivain, ils n'ont jamais formé qu'une infime minorité noyée au milieu de tous les braves cœurs qui défendirent le drapeau de la France.

Les forces françaises devaient d'abord former

trois armées, mais à la suite de compétitions regrettables il fut décidé qu'elles seraient divisées en 7 corps, plus la garde et 3 divisions de cavalerie de réserve. L'empereur prenait le commandement en chef ayant pour major général le maréchal Le Bœuf et pour aides-majors les généraux Le Brun et Jarras. Les 7 corps furent disséminés le long de la frontière sur un territoire immense et c'est alors seulement que la concentration commença, — concentration pénible, lente, difficile, qui n'avait jamais été préparée et qui devait amener, par petits paquets, en présence de l'ennemi, une masse considérable de soldats ne connaissant même pas le maniement de leurs armes (1).

Les 8 corps d'armée, y compris la garde et la cavalerie, formaient un effectif maximun de 270.000 hommes, et quelques jours après la déclaration de guerre les Allemands avaient sur

---

Les corps d'armée étaient ainsi répartis :
1er corps, maréchal de Mac-Mahon, à Strasbourg ;
2e   —   général Frossard, à Forbach ;
3e   —   maréchal Bazaine, à Metz ;
4e   —   général Ladmirault, à Thionville ;
5e   —   général de Failly, à Bitche ;
6e   —   maréchal Canrobert, au camp de Châlons ;
7e   —   général Félix Douay, à Belfort ;
Garde,   général Bourbaki, à Nancy ;
La cavalerie de réserve était à Pont-à-Mousson et à Lunéville.

notre frontière 460.000 soldats répartis en 13 corps d'armée formant 3 armées sous le commandement du prince royal, du prince Frédéric-Charles et du général Steinmetz. — Ces forces redoutables étaient immédiatement suivies de 2 corps d'armée, et 3 autres corps complètement organisés attendaient l'ordre de passer le Rhin.

III

L'escouade et les officiers du 106ᵉ.

La *Débâcle* ! Tel est le titre à effet que l'auteur a choisi pour frapper tout d'abord l'imagination du lecteur et pour le disposer à accepter plus facilement toutes les horreurs qu'il va décrire. Nous n'avions pas été vaincus depuis 1815 et les défaites héroïques de cette époque disparaissaient devant les victoires de l'épopée impériale. Nous vivions sur nos glorieux souvenirs et, comme le lieutenant Rochas, nous ne pouvions pas admettre que nous serions vaincus.

Le réveil de 1870 fut terrible.

Comme les ouvrages sérieux écrits sur une campagne sont généralement peu lus par les hommes qui ne sont pas du métier, chacun se forgea une petite idée sur nos désastres, à la suite des racontars et des articles de journaux ; — et aujourd'hui l'immense majorité ne connaît de la campagne de l'Est que la charge de Reischoffen (qui n'a pas eu lieu à Reischoffen), la capitulation de Sedan et la trahison de Bazaine.

Tout le reste est absolument ignoré, non seulement du gros public, mais encore de la plupart des gens instruits. Jusqu'à ce jour, on savait cependant qu'après certaines défaites il y avait eu des déroutes comme il y en a eu chez tous les peuples et dans tous les temps; mais on n'avait jamais pensé que ces déroutes avaient été continuelles, qu'elles avaient commencé avant que le premier coup de fusil ait été tiré et que l'armée française, lâche et indisciplinée dès le début, avait fui partout dans le plus grand désordre, en jetant ses armes avant même d'avoir vu l'ennemi.

C'est ce que la *Débâcle* va nous apprendre.

Au début de l'ouvrage, nous sommes dans la haute Alsace, le lendemain de la déclaration de guerre. Le 106ᵉ de ligne qui appartient au 7ᵉ corps d'armée occupe Belfort, et, dans ce régiment, se trouve une escouade qui par sa composition est évidemment destinée à représenter à notre esprit un résumé de l'armée française. C'est cette escouade que nous allons suivre pendant la période de la campagne que l'auteur va nous raconter.

A la tête de l'escouade se trouve un caporal, l'inévitable Macquart. « Bien heureux d'avoir quitté le service après Solferino, de ne plus être

un tueur de monde » et qui s'est rengagé parce
qu'il n'a plus le courage de travailler (page 3);

Puis Chouteau, l'ancien peintre en bâtiment, de
Montmartre, révolutionnaire, fainéant, vicieux,
lâche, et qui deviendra assassin;

Loubet, le fricoteur, qui ne cherche qu'à cha-
parder et à se défiler;

Pache, un brave Picard qui fait encore sa
prière, « qui avalait le bon Dieu tous les diman-
ches » et dont la naïveté va servir de prétexte à
de grossières attaques contre la religion;

Lapoulle, un grotesque,

Et enfin Maurice Levasseur, le bourgeois, l'avocat beau parleur, toujours indiscipliné du reste,
et qui est chargé de faire des phrases sur la politique, sur la stratégie et sur l'incapacité des
généraux. Ce dévoyé moral, un des moins mauvais de la bande, avait, lui aussi, jeté son fusil
pour ne pas marcher contre les Prussiens, et il
s'en sert à la fin de la guerre pour tirer sur les
Français et pour défendre les barricades de la
Commune, derrière lesquelles il est tué.

Au-dessus du caporal il y a un sergent qui
assiste impassible à tous les actes d'indiscipline
de ses subordonnés;

Un lieutenant d'une bêtise extravagante;

Un capitaine gandin, que l'auteur nous donne

comme le type de l'officier de Saint-Cyr et qui,
naturellement, ne connaît pas son métier : à deux
reprises différentes, cet officier abandonne sa
compagnie en présence de l'ennemi pour aller
voir sa maîtresse, et toute sa préoccupation,
pendant la campagne, est de conserver ses cols
et ses manchettes immaculés ;

Un colonel tout en bois, sans idées et sans élan,
que l'on voit toujours apparaître sur son grand
cheval, toujours raide et compassé, avec un
grand air, de grands gestes et une grande mous-
tache; tout est grand chez lui excepté cependant
son esprit qui, suivant l'auteur, est « étroit et
borné ». Ce colonel, qui ne paraît rien avoir ni
dans la tête ni dans le cœur, se refuse à punir les
actes les plus graves d'indiscipline (page 37), et,
blessé à Sedan, abandonne tranquillement son
régiment et son drapeau au moment le plus critique en disant : « Mes enfants, à la garde de Dieu
qui n'a pas voulu de nous » (page 316). Cette
phrase est faite pour remplacer le cri de « sauve
qui peut » que l'auteur, malgré toutes ses audaces,
n'a pas osé mettre dans la bouche d'un colonel
français.

Au-dessus enfin, un type grotesque de général
imbécile et ventru, ne pensant qu'à manger et à
boire, et demandant à chaque instant où il se

trouve, de quel côté est la Belgique et quel est le fleuve qui est devant lui. Un type d'ahuri d'opéra bouffe.

Voilà, depuis le soldat jusqu'au général, les personnages qui vont représenter l'armée française dans ce prétendu livre d'histoire, et pendant tout le cours de ce long récit, on ne pourra découvrir chez ces fantoches aucune idée saine, aucun sentiment de devoir et d'honneur.

IV

Le 7ᵉ corps, de Mulhouse au camp de Châlons. — Wissembourg et Frœschwiller d'après la « Débâcle ».

Les deux premiers chapitres de la 1ʳᵉ partie nous montrent le 7ᵉ corps entre Belfort et Mulhouse. Le général Douay a d'abord marché vers cette dernière ville, puis, en apprenant les défaites de Wissembourg et de Frœschwiller, se sentant trop en l'air et ne voulant pas renouveler les fautes déjà commises, il est revenu se placer sous les canons de la forteresse. Mesure prudente qui sert naturellement de thème aux insultes de l'escouade (page 28).

On part de Mulhouse sans avoir mangé la soupe, — c'était indiqué, — et il est à remarquer, du reste, que l'escouade Macquart part toujours sans avoir mangé la soupe et sans toucher de vivres. Si cette énorme incurie des chefs a pu se présenter quelquefois, il est évident qu'il est difficile de l'admettre dans les circonstances dans lesquelles on se trouve, c'est-à-dire à plus de

100 kilomètres de l'ennemi et alors qu'il n'y a aucune nécessité urgente à partir une heure plus tôt ou plus tard. Mais il était nécessaire de placer cette idée en vedette dès le début et puis de bien la marteler, pour que chacun fût bien persuadé que pendant la guerre l'armée n'a jamais été nourrie.

On part dans le plus grand désordre, tout le monde mourant de faim, sauf, bien entendu, le général, qui, par opposition, déjeune copieusement avant de se mettre en route.

L'état-major est parti en avant au grand trot « poussant de l'éperon les montures », dans la crainte d'être devancé et de trouver les Prussiens à Altkirch (page 27).

C'est le général Douay, l'ancien lieutenant-colonel du 20e de ligne à Malakoff, un des héros de Magenta et du Mexique, que l'auteur nous montre s'enfuyant à toute bride avec son état-major dans la crainte de rencontrer l'ennemi et abandonnant ses hommes : l'exemple est au moins mal choisi; mais, qu'importe à l'auteur ! Il était nécessaire, dès le commencement du roman, de flétrir les généraux pour que les soldats pussent leur prodiguer leurs insultes et leur mépris.

Pendant ce temps, les régiments roulent, con-

fondus, fuyant à grandes enjambées, insultés
dans les villages par tous les habitants, qui les
appellent « canailles et lâches » (page 41). « Hein !
dit Chouteau, ces cochons de généraux sont-ils
assez crétins ? De fameux lièvres qu'on nous a
donnés là ! S'ils se sont cavalés ainsi quand il n'y
avait personne, hein ! auraient-ils pris leurs jambes à leur cou s'ils s'étaient trouvés en présence
d'une vraie armée ! »

Tout le monde applaudit. Le caporal qui, d'a-
bord, avait fait la sourde oreille, se permet de dire
paternellement : « Taisez-vous ! » bien que lui-
même, dans son simple bon sens, fût outré de la
bêtise des chefs.

Voilà sous quel jour on dépeint nos soldats
avant même qu'ils aient vu l'ennemi ; voilà les
insultes qu'on jette à la face de nos généraux
alors que les hostilités sont à peine commen-
cées.

Mais, pendant la route de Mulhouse à Belfort,
se place un épisode monstrueux qui, s'il avait
pu se produire, jetterait à jamais la honte sur
toute l'armée française.

A un moment donné, sur les incitations de
Loubet et de Chouteau criant qu'ils ne sont pas
des bêtes de somme, les hommes de l'escouade
se débarrassent de leurs sacs et Loubet s'écrie :

« Ah! ce qu'il me scie les pattes ce flingot! En
voilà un mirliton pour se promener! » Et Chouteau ajoute en grognant : « Et moi qui avais fini
mon temps! j'allais filer. Ah! vrai, ce n'est pas
de chance de tomber dans une cochonnerie
d'histoire pareille. » Il balançait son fusil d'une
main rageuse, puis violemment il le lança de
l'autre côté de la haie : « Eh va donc, sale outil! »

« Le fusil tourna deux fois sur lui-même, alla
s'abattre dans un sillon et resta là très long, immobile, pareil à un mort. Déjà d'autres volaient,
le rejoignaient. Le champ bientôt fut plein d'armes gisantes, d'une tristesse raidie d'abandon
sous le lourd soleil.

» Plus rien à espérer de bon; les chefs lâchaient
pied; l'intendance qui ne les nourrissait seulement pas; l'embêtement, l'envie d'en finir tout
de suite avant d'avoir commencé. Alors quoi, le
fusil pouvait aller rejoindre le sac. Et, dans une
rage imbécile, au milieu de ricanements de fous
qui s'amusent, les fusils volaient le long de la
queue sans fin des traînards épars au loin dans
la campagne. »

Le tableau est complet et nous avons tenu à
le donner en entier.

Et le lendemain quand on vient dire au colonel
que les hommes ont jeté leurs sacs et leurs fusils

et qu'on lui demande une punition exemplaire :
« Ils sont trop, répond-il. Comment voulez-
vous? *près de sept cents!* Qui prendre là-dedans?
Non, non, je ne puis rien. »

Que dire de ces lignes? Ce ne sont plus les
Chouteau et les Loubet qui font acte d'indiscipline, — ce qui à la rigueur est admissible, — ce
sont 700 soldats qui jettent armes et bagages
alors qu'ils font tranquillement une étape et
qu'ils peuvent se trouver le lendemain en présence de l'ennemi; et les gradés et les officiers qui
sont à la tête de ces hommes ne disent rien et
leur laissent accomplir, un par un, cette œuvre
de lâcheté et de révolte, tandis que le colonel lève
au ciel ses grands bras en disant qu'il ne peut
rien !

Cette page honteuse de la *Débâcle* est tellement absurde qu'on ne se sent pas la force d'en
démontrer la fausseté.

Je ne sais si l'auteur a servi dans l'armée française; mais s'il a eu cet honneur, on ne peut
comprendre qu'il ait eu la pensée bouffonne de
représenter 700 hommes d'un régiment, qui en
comprenait au plus 900, jetant leur sac et leur
fusil et continuant néanmoins à marcher, les
mains dans les poches, derrière leur colonel.

Si on réfléchit à cet épisode, la rougeur monte

Les Erreurs.   3

au front en pensant que l'étranger, qui n'en com-
prend peut-être pas l'absurdité, le lit et le com-
mente, et on est effrayé pour l'avenir quand on
se dit que la lecture de pareils actes, imaginés
de toutes pièces, peut faire naître un jour, chez
de malheureux esprits dévoyés, l'idée de chercher à les imiter.

Le 13 août, le 106ᵉ part en chemin de fer.

Presque tous les hommes sont ivres parce que
« la distribution ayant eu lieu dans le plus grand
désordre, les soldats ont reçu en eau-de-vie ce
qu'ils auraient dû recevoir en vivres ».

Ce train se croise avec un train d'artilleurs qui,
plus ivres sans doute, jetaient ce cri avec une
telle violence désespérée qu'il couvrait tout : « A
la boucherie ! A la boucherie ! »

Enfin les injures de Chouteau, qui propose à
ses camarades de jeter les chefs sur la voie, de-
viennent tellement fortes que le caporal Jean se
fâche et menace « puisque, dit-il, il n'y a plus de
chefs, de cogner les canailles qui viennent vous
décourager quand on a tant de peine à se conduire proprement ».

Ainsi, dès le début, tous nos soldats sont ivres
et révoltés, et ce caporal que l'auteur essaie de
nous représenter comme animé de bons sentiments, ne cherche pas à faire respecter ses galons

et crie bien haut « qu'il a de la peine à faire son
devoir et à se conduire proprement ». Pourquoi
ne peut-il pas se conduire proprement, ce caporal
modèle?

Mais où donc l'auteur a-t-il puisé ces détails
qu'il prétend être historiques? où a-t-il vu toutes
ces ignominies? quels auteurs a-t-il consultés?
quels témoignages a-t-il recueillis? Le prince
Georges Bibesco a écrit, sur des notes prises jour
par jour, la marche du 7ᵉ corps de Belfort à Sedan.
Il était chef d'escadron d'état-major attaché au général Douay et bien à même de voir les faits et de
les décrire. Or, bien qu'il dise qu'à certains mo-
ments la discipline s'était relâchée, il ne donne
nulle part à supposer que la révolte eût atteint ces
proportions énormes, que les troupes étaient cou-
vertes d'insultes par les paysans, que les distributions ne se faisaient pas et que les soldats
étaient toujours ivres. Bien au contraire, il nous
montre le 7ᵉ corps travaillant pendant plusieurs
jours avec le plus grand entrain à mettre Belfort
en état de défense et s'embarquant en chemin de
fer dans l'ordre le plus complet (1).

---

(1) Dick de Lonlay, Amédée Le Faure, Eugène Véron, Romagny,
et enfin Vachter dans son histoire si documentée de la guerre
de 1870, parlent dans les mêmes termes du corps de Douay, qui
exécuta les premiers travaux de défense sous l'habile direction
du général du génie Doutrelaine.

On arrive à Reims et Maurice va déjeuner à la campagne. Tout en commentant à sa manière les plans stratégiques de nos « serins de généraux », il se laisse aller à ses souvenirs classiques et ici se trouve une magnifique page résumant dans un style flamboyant les victoires de l'empire.

Puis, immédiatement, le contraste obligé, et nous voyons apparaître deux soldats en loques, couverts de boue, « pareils à des bandits las de rouler sur les routes. Ils sont vêtus de pantalons rouges et de capotes si rattachés de ficelle, si ra-piécés de tant de lambeaux différents, qu'ils res-semblent à des pillards, à des bohémiens en train d'user la défroque de quelque champ de ba-taille ». Ces héros de Callot, ce sont deux vaincus de Wissembourg et de Reischoffen, et c'est par la bouche de ces deux hommes que l'auteur va nous raconter l'histoire de ces grandes et tristes jour-nées.

Oh ! c'est bien simple.

En voici le résumé dégagé des inutilités, des jurons et des mots grossiers qui émaillent le récit :

« A Wissembourg, nous étions dans un trou avec des bois tout autour; on allait manger la soupe. Les obus tombent dans la marmite. On a sauté sur les flingots. Mais que voulez-vous ?

Nous n'étions pas 5.000 et ils arrivaient toujours ! Ce n'est pas pour dire, mais nous pensions tous que nos chefs étaient de rudes serins. Ce pauvre b... de général Douay, qui n'était ni une bête ni un capon, s'étale les quatre fers en l'air. On se bat tout de même, on défend un château, puis une gare. Mais que voulez-vous ? il en arrivait toujours, — dix contre un ! — Le courage dans ces histoires-là, ça ne sert qu'à rester sur le carreau. Enfin une telle marmelade que nous avons dû f... le camp. N'empêche que pour des serins, nos officiers se sont montrés de fameux serins. N'est-ce pas, Picot ?

» Picot approuve, « avale un verre de vin et, se torchant d'un revers de main », raconte la bataille de Frœschwiller :

» Il fallait être bête à manger du foin pour se battre dans des conditions pareilles.

» Toute une armée de ces salauds nous est tombée sur le dos quand nous étions à peine 40.000 hommes. Et on ne s'attendait pas à se battre ce jour-là : la bataille s'est engagée sans que les chefs le veuillent, paraît-il...

» D'abord à Wœrth, un gentil village qu'on a fait quitter le matin, on ne sait pas pourquoi, et qu'on n'a pas pu reprendre ensuite. Ensuite on s'est cogné autour d'un autre village, Elsasshau-

sen; nous étions canardés par un tas de canons
qui tiraient à leur aise du haut d'une sacrée colline que nous avions lâchée aussi le matin. Et
c'est alors que j'ai vu, moi qui vous parle, la
charge des cuirassiers. Ce qu'ils se sont fait tuer
les pauvres b...! Une vraie pitié de lancer des chevaux et des hommes sur un terrain pareil, une
pente couverte de broussailles, coupée de fossés,
d'autant plus, n. d. D., que ça ne pouvait servir
à rien du tout. Ensuite, n'est-ce pas ? il semble
que le mieux était de s'en aller souffler plus
loin...

» Plus de 120.000 de ces salauds nous envelop-
paient; mais pas du tout, Mac-Mahon est peut-
être un serin, mais il est brave : puisque c'était
commencé, il a voulu se faire casser la gueule
jusqu'au bout. Et ce qu'il a réussi ! Mais il a fallu
tout de même décamper. Et dire qu'on est venu
lnous raconter qu'à la gauche nous avions culbuté
es Bavarois ! Tonnerre de Dieu, si nous avions
été 120.000 nous aussi ! si nous avions eu assez
de canons et des chefs un peu moins serins ! —
Ah ! f... sort, conclut Picot, ce qu'il a fallu jouer
des jambes ! Et nous qu'on avait laissés à l'hôpital !

» Oui, ajoute Coutard, nous avons pris nos
cliques et nos claques et nous courons encore...

Bah ! ça va mieux tout de même puisqu'on peut boire un coup à la santé de ceux qui n'ont pas la gueule cassée. »

Ces aveux cyniques de l'abandon du drapeau terminent le récit. Il est évident, en effet, que ces deux tristes soldats, qui ne sont, ainsi que le dit l'auteur, que légèrement blessés, n'ont jamais été évacués sur un hôpital et ne sont autre chose que des déserteurs. Et c'est le récit de ces fuyards qui se vantent d'avoir si bien joué des jambes que l'auteur nous présente comme le résumé fidèle des journées de Wissembourg et de Frœschwiller !

V

Wissembourg et Frœschwiller d'après l'histoire.

Wissembourg. (4 août.)

Comme historien et comme Français, l'auteur avait autre chose à dire sur ces deux grandes journées qui firent battre si douloureusement nos cœurs.

A Wissembourg, il aurait pu montrer la division Douay incomplète (5.000 hommes au maximum) absolument en l'air, comme l'étaient en ce moment tous les corps de l'armée, par suite des combinaisons incompréhensibles de l'état-major général; sentinelle perdue postée aux portes de la France et qui, fidèle à sa consigne, allait succomber glorieusement pour retarder l'invasion.

4.800 hommes avec trois batteries de 4 et 6 mitrailleuses se trouvaient en présence de l'armée du prince royal composée de quatre corps d'armée formant un effectif de 140.000 combattants appuyés par plus de 500 bouches à feu.

40.000 hommes de cette armée prirent part à
la lutte et le combat dura six heures : nous étions
un contre dix. Wissembourg, défendu par le 1er
régiment de tirailleurs et par deux bataillons du
50e et du 74e de ligne, ne fut emporté qu'après
avoir été bombardé pendant 3 heures. 20.000 Allemands montèrent successivement à l'assaut du
Geissberg qui, depuis le début de l'action était
canonné par 50 pièces, et qui n'était défendu
que par le reste de la division. Lorsqu'à 2 heures
de l'après-midi les défenseurs du château, qui
n'étaient plus que 200, complètement cernés par
l'artillerie ennemie, furent obligés de se rendre,
le sol environnant était couvert de cadavres allemands. Le régiment des grenadiers du roi avait
perdu à lui seul 23 officiers et 329 soldats. (*Relation du grand état-major allemand.*)

« En avant des remparts de Wissembourg, dit
le maréchal de Moltke, à la gare et au château de
Geissberg, les Français firent aux Prussiens la
résistance la plus opiniâtre : c'est en vain que les
grenadiers du 7e régiment (grenadiers du roi)
donnèrent l'assaut à cette dernière position, ils
subirent des pertes fort graves et la garnison ne
se rendit que quand on fut parvenu à amener
de l'artillerie sur les hauteurs. »

D'après nos ennemis eux-mêmes nos soldats

se .défendirent avec le plus grand courage et montrèrent au feu une solidité complète; et lorsque le général Pellé, après la mort du général Douay, donne l'ordre de la retraite, elle se fait dans un ordre tel que l'armée victorieuse n'ose pas poursuivre une poignée de vaincus.

La division, groupée autour de ses drapeaux, ne laissait entre les mains de l'ennemi qu'un canon dont les roues étaient brisées et dont tous les chevaux avaient été tués. Elle avait perdu près de 1.200 hommes, son général et 89 officiers, mais elle avait fait subir à l'ennemi des pertes considérables. La relation du grand état-major général accuse exactement une perte de 1.460 hommes dont 91 officiers, sans compter les disparus.

Ainsi, le jour de la première rencontre, 5.000 Français avaient résisté pendant six heures aux efforts de 40.000 Allemands soutenus moralement par une réserve de 100.000 hommes.

La *Débâcle*, fidèle à son système, nous montre la division placée dans un trou par ses *serins* de chefs. Les documents historiques nous font connaître que ces troupes, dont une partie devait défendre Wissembourg, occupaient une position tellement forte que deux régiments (50e et 74e), appuyés par les débris de la division et par quelques pièces, ont pu résister, pendant quatre heures, aux attaques d'un corps d'armée appuyé par 54 bouches à feu.

Cette position du Geissberg, du reste la seule en arrière de Wissembourg, était celle que les Autrichiens occupaient lorsqu'ils en furent chassés par Hoche après le sanglant combat du 26 décembre 1793.

Wœrth (Frœschwiller, — Reischoffen). (6 août.)

« A Reischoffen, nous dit la *Débâcle,* il fallait être bête à manger du foin pour se battre dans des conditions pareilles. » Voilà l'entrée en matière; mais l'auteur, qui ne paraît pas se rendre un compte bien exact de ce que peut être une opération de guerre, oublie de nous dire ce qu'aurait dû faire le maréchal de Mac-Mahon lorsque les Prussiens, poursuivant le général Douay, sont venus, le 6 août, lui imposer le contact. Devait-il fuir lui aussi, se retirer derrière les Vosges en abandonnant, sans combat, l'Alsace qu'il était chargé de défendre? Il ne savait pas, il ne pouvait malheureusement pas savoir, par suite des vices de notre organisation, qu'il avait devant lui 140.000 hommes.

Il a lutté de 7 heures du matin à 9 heures du soir et, à la fin de la bataille, il a pu dire lui aussi que « tout était perdu fors l'honneur ».

L'écrivain continue en disant : « qu'on avait abandonné le village de Wœrth le matin, — on ne sait pourquoi, qu'on n'a pu le reprendre ensuite, et qu'on était canardé par un tas de canons qui tiraient à leur aise du haut d'une sacrée colline que nous avions aussi lâchée le matin. »

Toujours la bêtise et l'incapacité des chefs. C'est l'idée sur laquelle l'auteur insiste en attendant qu'il nous montre avec la même insistance la lâcheté des soldats. Voilà ce qui ressort du récit de la bataille, voilà la seule chose qui puisse rester dans l'esprit du lecteur.

Pourquoi, dans quel but de pareilles assertions qui sont absolument contredites par les faits?

Wœrth, placé sur une île, dans un trou, n'avait pas été occupé et ne faisait pas partie de la ligne de bataille : — nous tenions les hauteurs qui le dominaient, et les ponts sur la Sauer avaient été détruits. — Canonné dès le début pour en chasser nos tirailleurs, les Bavarois voulurent ensuite s'en emparer. A trois reprises différentes ils furent repoussés à la baïonnette, et la division Raoult conserva ce village jusque dans l'après-midi, jusqu'à ce que le passage de la Sauer eût été forcé par les Allemands après une résistance acharnée.

C'est autour de ce village qu'eurent lieu ces luttes héroïques qui coûtèrent tant de monde à l'armée allemande, et dont on trouve le détail dans l'ouvrage si patriotique de Dick de Lonlay : « *Français et Allemands* ».

Quant à la « sacrée colline qu'on avait aussi lâchée le matin », le simple examen de la carte fait voir qu'il était absolument impossible au maréchal d'occuper, avec le peu de monde dont il disposait, cette position absolument excentrique sans amincir outre mesure sa ligne de bataille.

Nous avons tenu à mettre tout d'abord en présence les faits de la *Débâcle* et les faits de l'histoire. — Nous allons maintenant résumer la bataille en quelques mots.

Le corps d'armée du maréchal de Mac-Mahon, ayant un effectif d'environ 46.000 hommes, occupait, dans la matinée du 6 août, une excellente position sur les crêtes qui bordent la rive droite de la Sauer. Du reste, voici l'opinion du maréchal de Moltke sur la position occupée par l'armée française :

« La position était des plus fortes ; les vastes prairies de la Sauer se trouvent partout commandées à bonne portée depuis le rebord droit de la vallée, et les Français allaient pouvoir tirer tout le parti possible de leur fusil chassepot à longue portée; sur la rive opposée du cours d'eau le terrain était couvert de vignobles et de houblonnières qui offraient de grands avantages aux défenseurs; enfin la Sauer constituait un obstacle des plus sérieux, et le pont sur lequel passe la route de Wœrth était détruit. »

Nos troupes étaient ainsi réparties : à droite la division Lartigue (4e) appuyée sur le village d'Elsasshausen, tenant une partie de la forêt de Neidenwald et se prolongeant jusqu'au village de Morsbroonn. — Au centre la division Raoult (3e) occupait le village de Frœschwiller, et la division Ducrot (2e) formait l'aile gauche se prolongeant jusqu'au bourg de Neuweiler.

En seconde ligne, derrière l'aile droite, la division Conseil-Dumesnil (1re division du 7e corps) et la brigade de cuirassiers Michel (8e et 9e) avec deux escadrons de lanciers. — Derrière le centre les restes de la division Abel Douay commandés par le général Pellé, et quatre régiments de cuirassiers (1er, 2e, 3e et 4e) sous le commandement du général de Bonnemains.

La veille, le maréchal de Mac-Mahon avait donné l'ordre au général de Failly, qui occupait alors les environs de Bitche, de se joindre à lui.

Pour des raisons qui ont été longtemps discutées et que nous n'approfondirons pas, le corps de Failly, qui aurait peut-être apporté la victoire, ne se rendit pas à cet appel et la division Guyot de Lesparre seule arriva à la fin de la bataille.

Quatre corps d'armée allemands (1er et 2e bavarois, 5e et 11e prussiens, et la division wurtembergeoise), formant un effectif d'environ 130.000 hommes appuyés par 400 pièces de canon, vont prendre part successivement à la lutte qui durera de 7 heures du matin à 9 heures du soir.

Une reconnaissance exécutée par une partie du 5e corps prussien commence la bataille.

A gauche, la division Ducrot est violemment attaquée par les Bavarois, qui sont repoussés après avoir perdu plus d'un millier d'hommes. La relation du grand état-major constate (page 224) qu'une seule division était impuissante « pour aborder les redoutables hauteurs de Frœschwiller ».

Sur notre droite, 108 canons à longue portée écrasent la division Lartigue et font cesser rapidement le feu de ses 48 pièces.

Le XIe corps prussien traverse la Sauer; notre infanterie prend alors l'offensive, culbute les premières troupes et cherche à s'emparer du Gunstœdt; elle échoue devant le nombre, et les

Prussiens, après avoir traversé à nouveau le ruis-
seau, s'élancent pour occuper le Niedenwald : —
ramenés à trois reprises différentes par leurs officiers, ils sont repoussés trois fois à la baïonnette et le XI° corps ne peut pas dépasser la
Sauer.

Au centre, la division Raoult est canonnée
sans relâche sans que ses pièces puissent répondre utilement (1).

L'infanterie prussienne, à l'abri de sa redoutable artillerie, monte vers Frœschwiller. Deux
bataillons de zouaves appuyés par la ligne la rejettent en désordre sur Wœrth, et c'est dans ce
village qu'ont lieu ces luttes formidables de un
contre trois auxquelles les Prussiens ne peuvent
mettre fin qu'en envoyant renforts sur renforts.

Nos troupes décimées reculent et les ennemis
remontent à l'assaut de Frœschwiller. — Toute
la division Raoult entre alors en ligne et un combat désespéré s'engage pendant lequel les Prussiens, malgré leur nombre et leur redoutable artillerie, ne peuvent venir à bout de nos soldats.

En résumé, dit la relation du grand état-major

_____

(1) La fusée la plus longue de nos canons de 4 faisait éclater le
projectile à 2.850 mètres, tandis que les pièces de 4 et de 6 prussiennes tiraient de plein fouet jusqu'à 4 kilomètres.

allemand : « Vers midi les trois corps de première ligne de la 3ᵉ armée s'étaient trouvés entraînés dans une action qui, en se prolongeant, les avait contraints à renoncer sur certains points aux avantages déjà obtenus tandis que, sur les autres, on ne se maintenait plus qu'avec peine contre les énergiques attaques des Français. »

Il est midi et demi, et, depuis 7 heures du matin, le corps du maréchal de Mac–Mahon a arrêté trois corps allemands.— Que serait-il arrivé si le général de Failly s'était montré en ce moment sur les hauteurs de Neuweiler ?

Mais les régiments allemands se succèdent sans relâche ; toutes leurs batteries entrent méthodiquement en ligne et tirent à des distances que notre artillerie ne peut atteindre. Morsbroonn est pris. La division Lartigue, absolument épuisée par son héroïque défense, ne peut plus tenir et notre aile droite est tournée.

C'est alors qu'a lieu cette charge légendaire des cuirassiers de Morsbroonn. Après les magnifiques descriptions qui en ont été faites, nous n'essaierons pas de la raconter.

Les 8ᵉ et 9ᵉ cuirassiers de la brigade Michel, auxquels il faut joindre deux escadrons du 6ᵉ lanciers, furent les dignes fils des héros de la

Moskowa et de Waterloo. Les ennemis, frappés
d'admiration, s'inclinèrent devant leur courage, et
si la brigade fut anéantie, il ne faut pas oublier
qu'elle sauva la division Lartigue et peut-être
tout le corps d'armée d'une destruction complète.
Après un si héroïque sacrifice, après un si grand
exemple donné à tous, le cœur se serre douloureusement quand on lit dans la *Débâcle* (page 63) :
« d'autant plus, n. de. D., que cette charge ne
pouvait servir à rien ».

Arrêtées un moment par cet ouragan de fer, les
masses allemandes se reforment, élargissent leur
cercle et s'avancent de tous côtés. Le Niedenwald
est envahi et le XIe corps prussien attaque par le
flanc le hameau d'Elsasshausen, tandis que le
Ve corps l'aborde de front. Une grêle de projectiles
décime pendant trois quarts d'heure les défenseurs de ce village, qui est bientôt tout en feu.

Les brigades Maire et L'Hériller repoussent
encore une fois l'ennemi jusqu'à Wœrth, mais,
décimés par la mitraille, nos soldats ne peuvent
aborder le village, et les Allemands, furieux de
cette résistance opiniâtre que leur oppose une
poignée d'hommes, remontent à l'assaut appuyés
par toutes leurs réserves.

« Il s'agissait alors, dit la relation allemande
(p. 247), de pouvoir conserver contre les attaques

énergiques et réitérées des Français le terrain conquis après de si lourds sacrifices. »

Le moment est des plus critiques : il faut donner aux débris de cet héroïque corps d'armée le temps de se reformer, pour que la défaite ne se transforme pas en déroute effroyable.

Un nouveau sacrifice est nécessaire : le maréchal le demande à la division Bonnemains. Les quatre régiments de cuirassiers mettent le sabre à la main aux cris de : « Vive la France ! » et s'élancent sur l'ennemi par demi-escadron dans des chemins impraticables, au milieu des vignes et des houblonnières. Pendant une demi-heure, les charges se succèdent sous des nappes de plomb. Le quart de la division est anéanti, mais toute la droite du corps d'armée peut se retirer en bon ordre sur Frœschwiller.

Il est près de 4 heures, et, pendant trois heures encore, les vaincus défendront, avec l'énergie du désespoir, les villages d'Elsasshausen, de Frœschwiller et de Reischoffen ; ils lutteront pied à pied, régiment par régiment, jusqu'à l'arrivée de la division Guyot de Lesparre du corps de Failly. A la vue de nouvelles troupes l'armée allemande s'arrête et cesse toute poursuite.

Les effectifs engagés à Wœrth s'élevaient : de notre côté à 46.500 hommes et 119 pièces ; du côté des Allemands à 125.500 hommes et 312 pièces. Nous avions donc combattu dans la proportion de 1 contre 2, 6 (général Derrécagaix).

La journée de Reischoffen nous coûtait 10.000 hommes; 760 officiers dont 3 généraux étaient tués ou blessés. Les pertes des ennemis étaient aussi considérables que les nôtres.

« Le commandant en chef des troupes françaises, dit la relation du grand état-major allemand, avait lutté jusqu'à la dernière extrémité contre les forces supérieures des Allemands; partout son armée avait combattu avec le plus grand courage : sa cavalerie tout entière s'était volontairement sacrifiée pour dégager les autres armes. Mais quand on fut entouré de toutes parts, quand l'unique ligne de retraite se trouva sérieusement menacée, la résistance dut enfin cesser. Ce succès avait été acheté par une perte de 489 officiers et 10.153 hommes. »

C'est avec une grande tristesse, mais avec un légitime orgueil, qu'un Français étudie dans l'histoire allemande les défaites de Wissembourg et de Frœschwiller, tandis que la rougeur lui monte au front quand il en lit les récits dans la *Débâcle*.

Nous avons interrompu un instant l'étude de l'ouvrage que nous analysons pour présenter un résumé succinct de ces deux combats, parce qu'il

nous a paru bon de mettre les documents historiques en présence des tristes récits que nous
avons lus.

Wissembourg et Reischoffen peuvent compter
parmi les plus belles pages de nos annales de
guerre; pendant toutes les longues heures si pé-
nibles de ces journées, nous avons vu ce que
nous pouvions attendre de nos soldats. Tout ce
qu'on peut demander à des hommes en fait de
courage, d'abnégation, de discipline, de fermeté
d'âme, nous l'avons obtenu.

Pendant six heures à Wissembourg, pendant
neuf heures à Reischoffen, ils ont lutté dans les
conditions les plus mauvaises, avec une artillerie impuissante, contre des forces trois fois supérieures. Ils ont été glorieusement vaincus.

Cherchez donc ailleurs les causes véritables de
nos désastres, mais ne les attribuez pas à l'incapacité des chefs qui commandaient directement
les troupes, à l'indiscipline des soldats, à la lâcheté de tous : ne nous montrez pas les régiments
démoralisés et révoltés avant même d'avoir vu
l'ennemi : ne touchez pas aux grandes vertus
guerrières de notre race; et si, par instants, vous
avez pu constater qu'elles avaient disparu de
certaines âmes, votre devoir était de voiler ces
défaillances ou, si vous les montriez, de placer

du moins en regard les grands élans de bravoure
et de patriotisme de tous ceux qui ont accompli
leur devoir, et qui sont morts, sans faire de
phrases, pour défendre leur pays.

VI

Fausses assertions de la « Débâcle ».

« Le 23 août le camp est levé et à 5 heures du matin le 7ᵉ corps, qui *n'avait pas encore reçu de cartouches,* va enfin en toucher, et le caporal Jean distribue les cent cartouches réglementaires à chacun des hommes·de son escouade » (page 75).

Voici un incident à sensation qui est évidemment mis là pour bien frapper l'esprit du lecteur. L'auteur de la *Débâcle* nous apprend que, depuis six semaines, les régiments faisaient des marches en présence de l'ennemi sans avoir de cartouches ! De pareilles assertions font évidemment hausser les épaules à l'homme sérieux et instruit. Mais celui qui ne sait pas, l'ignorant qui cherche à s'instruire et auquel l'auteur, dans sa préface, a promis de *l'histoire vraie,* que pensera-t-il de l'impéritie ou plutôt de la trahison des chefs de l'armée de 1870 lorsqu'il verra que les régiments ont été envoyés à la frontière sans avoir de cartouches et que pendant près de deux mois ils

n'en ont pas touché? Une assertion aussi hardie
trompe avec une autorité complète, et le lecteur
ne pourra pas mettre en doute ce fait que l'auteur
a du reste bien soin de préciser puisqu'il dit que
la distribution a eu lieu à *Châlons, le* 23 *août, à*
5 *heures du matin.*

Mais où donc l'auteur a-t-il pris cette date?
C'est bien simple : il l'a trouvée dans l'ouvrage
du prince Bibesco, où il est dit (pages 48 et 49)
« que la 1re division (Conseil-Dumesnil), qui
s'était bravement battue à Frœschwiller, avait
brûlé une grande partie de ses cartouches; qu'on
s'empressa de la réapprovisionner et que *le* 23, *à*
5 *heures du matin,* 240.000 cartouches, — de
quoi garnir les gibernes de 3.000 hommes environ, — furent placées dans six voitures et appor-
tées au camp de la 1re division. » Ainsi, le 23 août,
on reconstitue l'approvisionnement de cartouches
de la division qui s'était trouvée à Reischoffen.
Voilà l'histoire; — et à côté, nous voyons le romancier s'emparant du fait et de la date et écrivant sans scrupules qu'on distribua des cartouches à tout le 7e corps, qui n'en avait pas encore
touché : « Le caporal Jean donna les cent cartouches réglementaires à chacun des hommes de
son escouade. » C'est clair. — De pareilles erreurs,
voulues ou non, sont bien graves, et celui qui a

écrit que le peuple trouverait dans son livre les
véritables causes de nos désastres aurait dû réfléchir à toutes les conséquences que pouvaient
avoir les faits absolument erronés qu'il avançait.
Il y aurait bien d'autres graves inexactitudes à
relever dans tous les détails militaires et dans les
mouvements des troupes que le lettré Maurice
raconte et explique à sa manière, sans souci de la
vérité, dans le but unique de présenter des faits
à l'appui de sa thèse, et pour que ses camarades
puissent répondre : « En voilà, des généraux de
quatre sous ! Ils vont à hue et à dia ; ils n'ont pas
de cervelle. Est-ce qu'ils nous prennent pour des
toupies ? On voit bien que nos jambes ne leur
coûtent pas cher !... »

A côté de ces erreurs sérieuses on en rencontre
qui sont parfois drôles.

Dans la description de la maison de l'empereur
on voit défiler les cent-gardes « d'un luxe d'uniforme correct encore et resplendissant, avec leur
grand soleil doré sur la cuirasse ».

C'est très joli, mais ce n'est pas exact. Les cent-
gardes n'avaient pas le moindre soleil doré sur
la cuirasse, et ceux qui accompagnaient l'empereur pendant la guerre n'avaient même pas de
cuirasse.

Nous assistons (pages 36 et 93) au défilé dans

un bel ordre « toujours correct » d'un régiment
de six batteries. On voit passer successivement
le matériel, les fourragères, les forges et les pro-
longes; à la page 315 nous apprenons que c'est
dans la prolonge que l'on met les roues de rechange : or, dans l'artillerie aucune voiture ne
porte le nom réglementaire de « prolonge », on
donne ce nom à une corde longue de huit mètres
servant à manœuvrer les pièces. Quant aux
roues de rechange, elles sont placées derrière les
caissons, et jamais aucun artilleur n'a pensé à
les mettre dans la voiture.

Page 291, nous lisons qu'à Bazeilles on amena
du canon en face d'une maison; mais l'obus tiré
à quelques mètres « passa trop haut et n'emporta
qu'un morceau de la toiture ». L'auteur devrait
se méfier de son imagination quand il parle de
questions militaires, et, avant d'écrire ce détail
amusant, il aurait dû, — lui qui aime, paraît-il, à
être documenté, — consulter les tables de tir de
l'artillerie allemande, ou au moins se renseigner
près d'un simple canonnier.

Pendant la bataille de Sedan, le major Bourroche, du 106e, abandonne tranquillement le champ
de bataille et vient s'établir dans la ville, sous le
prétexte qu'il y sera plus commodément, après
avoir cependant laissé « deux de ses aides au ré-

giment; mais il a emmené avec lui tout le reste de
son personnel, deux majors de deuxième classe
et trois sous-aides; il a en outre trois pharma-
ciens et une douzaine d'infirmiers » (page 266).

Où donc le major Bourroche, — qui abandonne ainsi son régiment, ce qui est assez extraordinaire, — a-t-il pu trouver tout ce personnel?
En 1870, il y avait par régiment trois médecins
quand le cadre était complet, ce qui était rare, et
pas le moindre pharmacien.

A propos de la fameuse distribution de cartouches, l'auteur dit que chaque soldat toucha les
100 cartouches réglementaires, et plus loin qu'il
en toucha 120. Si l'auteur avait vu de plus près,
pendant la guerre, les soldats de 1870 qu'il vient
nous dépeindre aujourd'hui, il aurait pu constater qu'ils n'avaient jamais eu ni 100 ni 120 cartouches, que le maximum réglementaire était pour
chaque homme de 74 (12 paquets à 6 cartouches
chacun et 2 cartouches libres); que, du reste, il
eût été impossible d'en avoir davantage, d'abord
parce qu'on n'avait alors pour les mettre que le
sac et la giberne, et en second lieu parce que les
100 cartouches représentant un poids de près de
4 kil. n'auraient pas pu être portées par des hommes déjà trop surchargés par les effets de campe-
ment et d'équipement. Nous n'avions pas de car-

touchières à cette époque, on n'en distribua que plus tard, et il arriva souvent, ce que certainement ignore l'auteur, que des soldats ayant laissé leur sac pour monter à l'assaut d'une position, se trouvèrent sans cartouches quand il fallut repousser un mouvement offensif de l'ennemi.

Tout cela, diront certaines gens, a peu d'importance ; nous ne sommes pas de leur avis : tout est important dans un livre destiné à instruire le peuple, et c'est commettre une grande faute que d'y introduire des faits qui peuvent fausser son jugement.

Enfin, puisque ce livre a été écrit par celui qu'on est convenu d'appeler le maître du réalisme, on devrait être certain d'avoir sur toutes choses des renseignements absolument exacts.

Puisque nous parlons de cette question d'exactitude, voyons plus loin :

Le surlendemain de la bataille de Sedan, l'auteur nous montre (pages 424 et 431) des escadrons de chevaux qui « dévalaient et couraient d'un train d'enfer, les crinières au vent et les naseaux couverts d'écume.

» C'étaient les bêtes perdues, restées sur le champ de bataille, qui se réunissaient ainsi en troupe, par un instinct, sans foin ni avoine depuis l'avant-veille ; elles avaient tondu l'herbe

rare et entamé l'écorce des arbres. Et, quand la
faim les cinglait au ventre comme des coups
d'éperons, elles partaient toutes ensemble, d'un
galop fou, elles chargeaient au milieu de la campagne, vide et muette, écrasant les morts, achevant les blessés !... »

Ce tableau est des plus imagés, mais c'est tout.
En supposant — ce qui est faux — que les Prussiens ou les paysans aient laissé pendant deux jours
des centaines de chevaux abandonnés dans la
campagne, ces bêtes n'auraient pas eu besoin, au
mois de septembre, de ronger l'écorce des arbres
pour se nourrir, et enfin elles ne se seraient pas
réunies *d'instinct* pour faire des charges en lan-
çant, avec leurs sabots, une pluie de « cailloux,
une grêle de mitraille qui blessa à la tête l'âne de
Silvine » (page 431).

Dans la presqu'île d'Iges, le tableau est encore
plus coloré :

« Les clairons sonnaient toujours aux distributions qui ne se faisaient du reste jamais. » Alors,
pourquoi sonnaient-ils ? et qui leur donnait l'ordre de sonner puisqu'il n'y avait pas de vivres à
distribuer ? Mais l'auteur appuie sur la note qu'il
vient de donner en ajoutant : « C'était inhumain,
ces sonneries réglementaires. »

Quoi qu'il en soit, « chaque fois que sonnaient

les clairons, les chevaux français abandonnés et libres de l'autre côté du canal accouraient, se jetaient à l'eau pour rejoindre leurs régiments, affolés par ces fanfares connues qui leur arrivaient comme des coups d'éperons ».

Voit-on ces chevaux, circulant depuis plusieurs jours au milieu des Prussiens, dans l'espace relativement restreint qui se trouve entre Sedan et le canal, et qui était bondé de troupes, se précipitant à l'eau du haut d'une berge élevée, traversant un canal à la nage et remontant la berge opposée pour rejoindre leurs camarades, parce qu'un clairon d'infanterie sonne la distribution du pain et du riz ?

L'intelligence musicale de ces animaux est évidemment bien extraordinaire ; mais où est donc le réalisme, où est la vérité dans toutes ces peintures imaginées de toutes pièces ?

Si nous insistons sur ces erreurs et sur ces impossibilités, ce n'est pas par un vain esprit de critique : notre but n'est pas d'analyser l'œuvre au point de vue littéraire. Nous voulons simplement démontrer que cet ouvrage qui a la prétention d'enseigner à la génération actuelle ce qui s'est passé en 1870 est rempli d'inexactitudes et de descriptions absolument contraires à la vérité ; qu'il n'y a, presque partout, que des fictions faisant miroiter devant nos yeux des tableaux absolument fantaisistes ; que la *Débâcle*, enfin, qu'on nous présente comme un livre d'histoire, n'est qu'un roman comme les autres, plus mauvais à notre avis que tous les autres, dans lequel l'auteur part d'une situation générale vraie pour donner ensuite carrière à toutes les fantaisies de son imagination.

VII

De Châlons à Sedan. — Beaumont. — Bazeilles.

Nous allons continuer à suivre le 106ᵉ sans nous arrêter à tous les incidents et à toutes les digressions qui nous écarteraient de notre but et en ne relevant que les faits qui touchent directement à la question militaire.

Pendant les premiers jours de la route de Châlons à Sedan, l'auteur avoue que les distributions sont faites assez régulièrement. Alors la bête est contente. «On torche tout, on s'en met jusqu'aux yeux. » Puis, pendant une étape, Chouteau qui portait le riz le jette dans le fossé, et Loubet qui portait le lard s'en débarrasse à son tour.

Le lendemain on ne peut plus faire la soupe, et l'escouade, suivant l'exemple que lui donne le bon caporal Jean, va piller le paysan. Du reste on doit croire que toute l'armée a imité Chouteau et jeté ses vivres, puisqu'un brave homme, qui vient se plaindre d'avoir été dévalisé par les chasseurs et par les zouaves, est éconduit par le général Bourgain-Desfeuilles, qui lui dit: « Fi-

chez-moi la paix ; il faudrait en fusiller une douzaine par jour de ces coquins. »

Jusqu'à présent, nous avons vu à chaque page
le soldat indiscipliné et lâche ; voici maintenant
le soldat pillard ; nous verrons bientôt le soldat
assassin.

Et, toujours comme contraste, quand les soldats meurent de faim nous voyons le général at-
tablé devant une omelette et un poulet rôti : il se
fait servir bêtement par un espion auquel il raconte ses petites affaires, et il dit au colonel
Vineuil, « un peu faible et borné » : « C'est idiot
tout de même ; — comment voulez-vous qu'on
se batte dans un pays qu'on ne connaît pas ? »
(page 89.)

Et plus loin (page 140), lorsque les francs-
tireurs viennent lui dire que les Prussiens sont
entre Stenay et Mouzon : « Stenay, Mouzon, con-
nais pas, moi ! Comment voulez-vous que je me
retrouve avec ces noms tous nouveaux ? »

Puis, comme on lui dit qu'on se bat à Beaumont : « Beaumont, Beaumont, répond le général, on ne sait jamais dans ce sacré pays... »

Nous ne commenterons pas ces citations grotesques, et nous n'en abuserons plus.

Dans les pages suivantes, l'armée de Mac-Mahon commence « son calvaire » et nous assistons

à cette marche douloureuse qui devait se terminer dans le gouffre de Sedan.

Beaumont. (28 août.)

Le 28 août, à Beaumont, le général de Failly, qui se dirigeait sur Sedan, au lieu de repartir le matin avait voulu laisser reposer ses troupes, brisées de fatigue à la suite d'étapes faites par un temps affreux et par des routes presque impraticables. Mais il avait commis la faute impardonnable de ne pas se garder. Attaqué vers midi, il était peu de temps après entouré par 70.000 Allemands armés de 180 canons. Nos soldats, un instant débandés, sont vigoureusement ramenés par leurs officiers, et malgré leur infériorité numérique ils résistent pendant trois heures au nombre toujours croissant de leurs ennemis. Enfin écrasés par la mitraille et par la mousqueterie, ils battent en retraite après avoir mis hors de combat plus de 3.000 hommes. Ce résultat montre avec quel acharnement ils s'étaient défendus malgré les déplorables conditions de combat dans lesquelles ils s'étaient trouvés.

Le général de Failly, dont l'imprévoyance coupable avait été cause de ce désastre, fut remplacé dans son commandement.

En ce moment, il faut le reconnaître, les troupes sont absolument découragées ; la défaite de
Beaumont est venue augmenter le désordre moral : les corps, sans direction, enchevêtrés les uns
dans les autres, avancent lentement sur des chemins détrempés par les pluies, dans une confu-
sion inexprimable. L'indiscipline se produit dans
les troupes en marche : là vraiment est la déroute, et l'auteur nous la montre en exagérant,
bien entendu, toutes ses horreurs dans ce beau
style descriptif que nous avons tous admiré dans
certaines pages de ses œuvres.

Nous ne développerons pas ici les causes mul-
tiples qui ont amené l'effondrement de l'armée
de Mac-Mahon ; elles tiennent surtout à des considérations politiques dans lesquelles nous ne
voulons pas entrer.

L'auteur du reste ne les indique pas, et Maurice, son stratège, ne fait qu'en effleurer quelques-unes.

Quoi qu'il en soit, nous sommes maintenant
dans la situation horrible que l'on constate dans
toutes les troupes vaincues, démoralisées et qu'il
est par suite impossible de conduire régulièrement.

L'armée française poussée par l'avalanche allemande se sent perdue et elle va mourir à Sedan

après deux jours de lutte, mais non sans s'être retrouvée à l'heure suprême et sans avoir fait payer bien cher aux vainqueurs leur trop facile triomphe.

La première partie de l'ouvrage se termine par des incidents qui sont en dehors de notre sujet, mais au milieu desquels nous voyons s'accentuer encore le caractère ridiculement frivole du capitaine, le type des capitaines de l'armée, et qui s'écrie : « Oui, des imbéciles et des gredins auxquels je casserais la tête si je les tenais ont égaré mes bagages et je n'ai plus un mouchoir ni une paire de chaussettes » (page 183). C'est tout ce qu'il trouve à dire au milieu de nos désastres !

Plus loin, pour que l'idée du crétinisme de nos généraux ne se perde pas, nous voyons un général — pas Bourgain-Desfeuilles, un autre, — tout stupéfait d'apprendre que la Belgique est à quelques kilomètres de Sedan !

Bazeilles. (31 août-1er septembre.)

Nous arrivons à la deuxième partie et nous sommes à Bazeilles.

Les couches profondes, comme les appelle l'auteur de la *Débâcle*, savaient qu'on s'était un peu

battu dans ce village. Les plus instruits même
avaient appris que le combat avait duré deux
jours, le 31 et le 1er; que le 31 la brigade Cam-
briels (22e et 34e), qui occupait le village écrasé
par les obus, avait été obligée de se replier, mais
qu'elle était revenue bientôt appuyée par l'infanterie de marine; que le général Martin des Palliè-
res, qui conduisait cette brave troupe, avait été
grièvement blessé; que les lignards et les mar-
souins avaient repoussé à la baïonnette cinq attaques violentes des Bavarois de von der Thann,
que nous avions fait près de 300 prisonniers et
qu'à 6 heures du soir, Bazeilles, déjà en partie
en flammes, était définitivement en notre pouvoir; 37 maisons avaient été incendiées par les
obus.

« L'incendie, dit le commandant Lambert dans
son rapport, nous éclairait comme en plein jour
et nous plaçait ainsi dans une position très critique, puisque l'ennemi pouvait nous voir sans
être vu. »

« A différentes reprises le corps bavarois avait
tenté de se rendre maître du pont du chemin de
fer, mais il avait toujours été repoussé par l'infanterie de marine. » (*Bazeilles, Sedan,* par le général Lebrun.)

Voilà ce qui s'était passé le 31. La lecture du

roman dont nous nous occupons va nous montrer les faits sous un autre aspect.

Un bon bourgeois de Sedan nommé Weiss, qui a une maison à Bazeilles, vient la visiter le 31, et se couche sans s'apercevoir le moins du monde que le village a été bombardé toute la journée, qu'il a été à moitié incendié et qu'on s'est longuement battu autour de son immeuble.

Des magnifiques combats qui eurent lieu, il n'en est pas question; nous avions eu un petit succès qu'il n'entre pas dans les vues de l'auteur de raconter.

Le 1er septembre, Weiss qui s'est endormi tranquillement est réveillé par un coup de canon: c'est la bataille de Sedan qui commence.

Nous n'entreprendrons pas le récit de cette triste journée, nous suivrons seulement l'auteur dans les deux épisodes qu'il nous présente : à Bazeilles et sur les plateaux de l'Algérie et d'Illy.

A Bazeilles, le roman le reconnaît, l'infanterie de marine se défend bravement, le matin, contre les Bavarois, mais à 8 heures l'ordre d'évacuer le village arrive et Weiss se trouve seul : c'est lui qui va continuer la défense. Ce n'est pas une figure sympathique que celle de ce bourgeois tacticien qui critique tout ce qui se fait, indique aux généraux les mesures à prendre, et prévoit naturellement tout ce qui va se passer : au milieu des grossièretés et des jurons dont il accable les Allemands, on ne constate jamais chez lui le moindre élan de patriotisme.

Il ne va pas se battre pour défendre son pays, non, il ne prend le fusil que parce que « ces s. b. de Prussiens ont écorné sa maison, vont la lui démolir, vont casser ses meubles et boire son vin ». Le patriotisme n'est nullement en jeu, il n'y a là que la bête qui défend sa pâtée et d'une façon tellement romanesque qu'il nous est impossible de nous émouvoir en lisant ce récit.

A 8 heures, ainsi que nous l'avons dit, Weiss se trouve tout seul, abandonné par l'armée, et il s'enferme dans sa maison avec un capitaine, un caporal, huit hommes et un garçon jardinier. A eux douze ils tiennent si longtemps en échec les Bavarois qu'on amène du canon à quelques mètres de la maison; mais l'obus, bien que tiré à quelques mètres, n'atteint que la toiture (p. 291).

Enfin ils sont pris et Weiss, l'âme de la défense, car c'est lui qui a presque tout fait, est fusillé avec le jardinier.

Ce récit, d'un grand style quand il n'y a pas trop de mots grossiers, est beau ; mais il faut avouer qu'au point de vue de la vérité il laisse **absolument** à désirer.

Bazeilles repris le 31, attaqué dès la pointe du jour du 1er septembre, et défendu héroïquement par l'infanterie de marine, fut évacué vers 8 heures du matin, lorsque le général Ducrot, qui venait de prendre le commandement en chef, donna l'ordre de se replier sur le plateau d'Illy pour se diriger sur Mézières. A 9 heures, le général de Wimpfen prend le commandement et ordonne de reprendre les positions premières.

Ainsi en 3 heures, par suite de circonstances fatales et des plus malheureuses, l'armée avait eu successivement 3 chefs qui avaient eu 3 plans différents.

Le village est attaqué avec fureur par la division Vassoigne : pendant deux heures, au milieu des ruines, une lutte corps à corps, des plus acharnées, s'engage dans toutes les rues, dans toutes les maisons, dans tous les jardins. Les combattants se ruent les uns contre les autres et ne font plus de quartier.

Mais von der Thann fait avancer ses réserves les unes après les autres ; le prince de Saxe lui envoie deux régiments prussiens, et, vers midi, après quatre heures d'une épouvantable mêlée, nos marins, ayant épuisé toutes leurs munitions et toutes leurs forces dans de furieuses attaques à la baïonnette, sont obligés de se replier.

Une centaine d'hommes sous le commandement du commandant Lambert, grièvement
blessé, retranchés dans une maison, tiennent
encore pendant trois heures contre deux régiments bavarois et ne se rendent que lorsqu'ils ont
brûlé leurs dernières cartouches.

Les quatre régiments d'infanterie de marine
avaient perdu près de 3.000 hommes tués ou
blessés, dont 102 officiers.

Quant aux Bavarois, ils laissaient plus de 5.000
hommes (dont 200 officiers) sur le champ de bataille. Ces pertes énormes prouvent avec quel
acharnement nos troupes avaient défendu la position.

Si l'auteur dans une de ces belles pages qu'il
sait écrire nous avait montré les luttes héroïques
de Bazeilles, il nous aurait certainement fait
éprouver une grande émotion, saine et patriotique, et il aurait fait de l'histoire.

L'historiette de Weiss nous laisse incrédules
et froids, ses jurons à jet continu nous fatiguent,
et ce bourgeois myope, transformé en héros
parce qu'il ne veut pas qu'on boive son vin, nous
intéresse médiocrement.

La résistance héroïque de Bazeilles allait permettre aux Bavarois de donner libre cours à leurs
instincts barbares.

Nous ne voulons pas entrer dans les détails horribles des scènes de carnage qui eurent lieu. L'indignation fut universelle, et l'histoire les a enregistrés pour la honte éternelle des vainqueurs, qui violèrent, comme ils l'avaient déjà fait à Wissembourg et à Gunstœdt, toutes les lois de l'honneur et de l'humanité.

Bazeilles fut détruit *par ordre*, incendié méthodiquement comme le furent beaucoup de villages pendant la guerre de province, comme le fut Châteaudun et comme Saint-Cloud devait l'être plus tard pendant l'armistice. Le pillage avait eu lieu avant l'incendie; plusieurs soldats prisonniers furent fusillés, et un grand nombre d'habitants, qui n'avaient pas péri asphyxiés sous les décombres, furent massacrés sans distinction de sexe ni d'âge (1).

---

(1) Une souscription ayant été organisée à Sedan par des Anglais au profit des malheureux de Bazeilles, l'autorité militaire allemande fit placarder l'avis suivant sur les murs de la ville :

« Sedan, 29 septembre 1870. J'ai appris qu'à la Croix-d'Or et dans d'autres hôtels on fait coller des affiches pour quêter en faveur des pauvres de Bazeilles. Je vois dans cet acte un blâme et une fausse interprétation de la *sentence exécutée contre ce village en vertu des droits de la guerre.* Cela ne peut être toléré, etc...

« Richard GOELCH. »

« Le commissaire de police veillera à ce qu'aucune souscription ne soit faite dans la ville sans l'autorisation de M. le Commandant de place.

» *Le Commissaire civil,*
» STRENGE. »

Voici les deux derniers couplets d'une chanson composée en 1870 et qui se trouve dans l'ouvrage d'Amédée le Faure. Elle a été faite par les soldats bavarois pour rappeler, dit l'auteur de l'ouvrage cité, le souvenir de leurs exploits lorsque leur moralité allemande ne se doutait pas encore que ces exploits étaient des crimes. Elle a été traduite à peu près littéralement :

> En véritables furies,
> Les femmes, de leurs mains impies
> Jetaient nos blessés
> Dans le brasier des incendies.
> Honte sur elles à jamais !

> Pleins de fureur et de rage,
> Nous nous précipitons ;
> On prend maison par maison.
> Pour le sexe ni pour l'âge
> Point de quartier !
> Bazeilles flambe tout entier.

La guerre a des nécessités cruelles, mais il faut remonter à plus de deux siècles en arrière pour rencontrer de pareilles horreurs, et les Bavarois de von der Thann se montrèrent les dignes descendants des pandours de Tilly.

VIII

Sedan. — Le plateau d'Illy. — La presqu'île d'Iges.

Sedan. (1er septembre.)

Nous allons maintenant assister à une partie de la bataille de Sedan avec le 106e, qui occupe, le 1er septembre, les plateaux de Floing et d'Illy. Nous avons vu les hommes de l'escouade-type constamment indisciplinés alors qu'ils étaient loin de l'ennemi ; nous allons voir la révolte s'accentuer et passer aux actes sous le feu des canons allemands.

« Lorsqu'on ne mange pas, déclare tout d'abord Chouteau, l'on ne se bat pas! Du tonnerre de Dieu si je risque ma peau aujourd'hui...Du reste, nous sommes vendus : tout le monde le sait. Mac-Mahon a reçu trois millions et les autres généraux chacun un million pour nous amener ici. »

Et il donne des détails (pages 228, 229 et suivantes).

Maurice cependant se fâche un peu, mais Chouteau l'insulte et s'avance menaçant. Alors le caporal dit gravement : « Silence ! Je porte au rapport le premier qui bouge. »

Cette menace burlesque, étant donnés le lieu
et le moment où elle est faite, provoque les ricanements de Chouteau, qui hue le caporal et finit
par l'accuser d'avoir volé l'argent de l'escouade
et de l'avoir « boulotté » ; c'est pour cela que les
hommes crèvent de faim.

Le lieutenant Rochas auquel on explique ce qui
vient de se passer n'est pas éloigné « dans son
crâne étroit » de croire à la trahison ; mais après
avoir débité ses insanités ordinaires, il réconcilie
ses hommes en les faisant boire à la santé de leurs
bonnes amies.

Le capitaine, que l'on cherche partout, finit
par arriver brossé, ciré, tiré à quatre épingles
« entouré d'un vague parfum de lilas de Perse ».
Il a simplement abandonné sa compagnie pendant
toute la nuit pour aller coucher chez sa maîtresse.
C'est la seconde fois que cet officier nous est représenté désertant son poste en face de l'ennemi,
et la première fois le colonel s'était contenté de lui
infliger une légère réprimande (page 106).

Mais les balles et les obus arrivent. Un sergent est blessé. Chouteau et Loubet l'emportent et ne reparaissent plus.

« Lapoulle et beaucoup d'autres ont des bouleversements d'entrailles et ils étalent leur nudité.

» Enfin quelques Prussiens paraissent, sortant d'un bois à 400 mètres, et y rentrent aussitôt. Alors toute la compagnie tire sans ordre, sans but, malgré la volonté du capitaine, pour le plaisir de tirer ; et Maurice et tous les autres s'enrageant, brûlaient leur poudre à fusiller le bois lointain, où tombait une pluie lente et silenceiuse de petites branches. »

Et voilà, d'après le livre historique que nous analysons, ce qui se passait sur le plateau de Floing le 1er septembre 1870.

Nos soldats refusaient de marcher, insultaient leurs chefs, avaient des bouleversements d'entrailles et tiraient stupidement, affolés par la peur, sur un bois où il n'y avait pas d'ennemis. (page 323.)

Au chapitre V de la 2e partie, le 106e est couché dans des choux sur le plateau de l'Algérie. Il doit monter à l'assaut d'Illy et tout d'abord « une panique énorme se déclare ».

Le lieutenant Rochas menace les hommes de les faire « monter là-haut à coups de bottes dans le derrière, et de casser la gueule au premier qui tournera les talons ». Le colonel les décide à marcher avec quelques bonnes paroles, et ils partent.

Voit-on ce colonel, au milieu du fracas de la mitraille, adressant quelques bonnes paroles à son régiment disséminé sur une étendue d'un kilomètre !

« Ah ! ce ne fut pas un assaut classique tel qu'il se passe dans les manœuvres, nous dit l'auteur. On ne voyait partout que des dos arrondis qui filaient au ras de terre, qui se jetaient dans les fossés, qui rampaient derrière les haies, qui sautaient comme des insectes cherchant à se terrer. »

Telle est la description — la seule de l'ouvrage — d'un assaut fait par des troupes françaises qu'on est obligé de menacer de coups de bottes dans le derrière pour les faire marcher.

Aucun auteur, dans aucun pays, n'avait encore osé lancer une pareille insulte aux troupes de sa nation, et il n'est pas étonnant que la *Débâcle* se soit vendue et se vende encore à des milliers d'exemplaires de l'autre côté des Vosges.

Mais le 106ᵉ est vite débordé, et alors le colonel de Vineuil, qui a été blessé au talon, obligé de céder au torrent, s'écrie en levant son épée et les

yeux pleins de larmes : « Mes enfants, à la garde
de Dieu qui n'a pas voulu de nous » ; et il disparaît
au milieu des fuyards derrière un pli de terrain
(page 316).

Remarquons en passant que le colonel de Vineuil est le seul colonel français qui paraisse dans
l'ouvrage, et qu'on lui fait jouer, comme à tous
les officiers, le rôle le plus pitoyable. D'une faiblesse ridicule envers ses soldats mutinés, il les
abandonne avec son drapeau en pleine bataille ;
et il se laisse entraîner par les fuyards en les
recommandant à Dieu dans une phrase de mé-
lodrame, alors que son devoir était de rester à
côté de son drapeau et de se faire tuer pour le
défendre.

Heureusement que le lieutenant Rochas, qui
n'a pas cédé au torrent comme son colonel, reste
avec quelques soldats pour entourer l'aigle, et
l'on bat en retraite : la déroute commence avec la
peur, la peur irrésistible, contagieuse, qui étreint
la gorge, et qui ne laisse de libre que les jambes
pour pouvoir courir ; avec les cris des blessés,
les râles des mourants, les insultes au soleil, qui
reviennent à chaque page :

« Ce c... de soleil qui ne se décide pas à f...
le camp. Au moins quand il sera couché on ne
se battra plus. »

Depuis le commencement de la bataille jusqu'à la fin tout le monde sue la peur, tout le
monde tremble, tout le monde se cache.

La charge héroïque des régiments du général
Margueritte, conduite par le général de Galliffet,
qui nous coûta près de 800 hommes et 79 officiers, et qui força le vieux Guillaume à s'écrier :
« Ah ! les braves gens ! » n'inspire pas de sembla-
bles réflexions à Maurice qui se contente de dire :
« N. de Dieu, ça ne sert à rien d'être brave. »

Et, plus loin, lorsque Jean et Maurice fuient
livides, frissonnants, éperdus, hagards : « C'est
vexant tout de même, bégaya Jean, d'être là à
se faire casser la gueule quand les autres sont
quelque part à fumer tranquillement leur pipe !
— Oui, ajouta Maurice éperdu, pourquoi est-ce
moi plutôt qu'un autre ? Et encore si l'on savait
la raison, si ça devait servir à quelque chose ! »
(page 359).

Oui à quoi bon se faire tuer ? à quoi cela sert-
il d'être brave ? pourquoi se faire casser la gueule
pour des raisons qu'on ne connaît pas ? Que peut
faire en effet à un Gascon ou à un Normand, qui
ne pense qu'à sa peau, que la Lorraine soit française ou allemande ? Et cette idée dissolvante qui
met toujours en avant l'instinct de la bête, en
laissant de côté toute aspiration grande et éle-

vée, tout sentiment généreux, se représente à
chaque instant dans l'ouvrage sous une forme
ou sous une autre : — c'est l'idée dominante qui
frappera forcément beaucoup d'imaginations, et
soyez certains que les esprits dans lesquels elle
aura germé deviendront des foyers de révolte
qui pourront causer, dans un moment donné,
des désordres moraux irréparables.

Nous avons vu partir le colonel. Voici maintenant le général. L'escouade le rencontre et l'auteur, qui tient à montrer que les généraux français ne sont pas seulement des imbéciles, mais
que ce sont encore des lâches, a le soin de faire
remarquer « que les soldats ne l'avaient pas vu
depuis le matin ». Et ici a lieu une scène burlesque entre cet officier général et une vieille
femme, à laquelle il demande encore où est la
Belgique. Après des divagations que nous ne
voulons pas reproduire, il s'écrie : « C'est trop à
la fin. Qu'ils me prennent, qu'ils fassent de moi
ce qu'ils voudront, je vais me coucher !... »

A côté du colonel et du général qui abandon-
nent leurs hommes en face de l'ennemi, il aurait
été bon de rappeler que le maréchal commandant en chef et 24 généraux avaient été tués ou
blessés autour de Sedan, et que le 7e corps, en
particulier, avait laissé sur le champ de bataille

4.000 hommes, 3 généraux et 2 chefs d'état-major.

Deux pages plus loin nous voyons une autre scène : l'escouade en retraite aperçoit Chouteau et Loubet complètement ivres dans un cabaret, et, comme le lieutenant Rochas veut leur faire des observations, ces deux gredins, auxquels se joignent d'autres hommes de l'escouade, l'appellent « vieux toqué » et le menacent de lui faire son affaire s'il insiste.

Enfin Rochas est tué et meurt enveloppé dans le drapeau. C'est le seul qui ait montré de la bravoure : mais aussi, chaque fois qu'il est en scène, l'auteur a soin de nous le représenter comme un grotesque imbécile, qui ne dit que des énormités et qui jusqu'au dernier moment répète son absurde refrain :

« Oui, nous les reconduirons à la frontière
A coups de pied au c..., à coups de pied au c... »

Le plateau d'Illy.

L'attaque et la défense du plateau d'Illy étant le seul épisode de guerre traité avec quelques détails dans la *Débâcle*, nous allons résumer brièvement les faits qui nous sont présentés par l'auteur (pages 301 et suivantes) comme rigoureusement historiques.

Sur la demande du général Douay, le général de Wimpfen avait envoyé un régiment de zouaves sur le plateau d'Illy. Ces zouaves ne tinrent qu'un quart d'heure et abandonnèrent la position ; alors le général Douay se jeta au milieu des fuyards de la division Dumont, et réussit à former une colonne qu'il lance sur le plateau ; mais elle n'y tient que quelques minutes et il se décide à faire avancer la 10ᵉ brigade. C'est alors qu'a lieu ce fameux assaut dont nous avons parlé. Nous assistons ensuite à la mise en batterie de quelques pièces qui sont vite démontées, puis à la déroute du régiment, qui s'enfuit, colonel en tête, abandonnant son drapeau, et enfin à la charge de la cavalerie du général de Galliffet. Après la charge, l'auteur ajoute : « Mais le plateau était bien perdu cette fois : les troupes prussiennes l'envahissaient de toutes parts. Il pouvait être environ 2 heures ; la jonction s'achevait enfin ; le 5ᵉ corps et la garde venaient de se rejoindre, fermant la boucle. »

Ainsi, d'après la *Débàcle*, la défense du plateau avait été des plus pitoyables : les zouaves n'y étaient restés qu'un quart d'heure, les soldats

de la division Dumont n'avaient tenu que pendant
quelques minutes, et le 106ᵉ qui, il ne faut pas
l'oublier, fait partie de la division Liébert, de
cette division qui au début de la guerre était entre
Belfort et Mulhouse, se débande presque aussitôt
suivi par les autres régiments de la division, puisqu'il n'est pas question d'eux, et qu'à 2 heures,
après la charge, le plateau était perdu.

Tout ce récit est fantaisiste et absolument
inexact ; nos troupes s'étaient autrement conduites. A 2 heures le plateau n'était pas perdu et
voici ce qu'avait fait la division Liébert. Nous
empruntons les détails qui vont suivre, non à un
écrivain français, qui pourrait être suspecté,
mais à un auteur allemand dont la grande autorité doit nous inspirer toute confiance.

Le maréchal de Moltke, dans son histoire de la
guerre de 1870, raconte ainsi qu'il suit l'épisode
du plateau d'Illy : « La division Liébert avait tenu
jusqu'alors dans la position très forte qu'elle occupait au nord de Casal ; les troupes allemandes
étaient fort emmêlées et il s'engagea une lutte
fort longue, qui coûta beaucoup de monde, et
dont l'issue semblait douteuse. Mais finalement
la résistance de la division française, serrée de
près de deux côtés et exposée à une grêle d'obus,
faiblit, et comme les réserves du 7ᵉ corps avaient

été envoyées sur d'autres points du champ de bataille, ce fut encore la cavalerie française qui se
dévoua pour prendre part à la lutte. »

Après avoir décrit de la façon la plus élogieuse
les magnifiques charges successives qui eurent
lieu, le maréchal ajoute : « La lutte glorieuse
soutenue par la cavalerie française, malgré les
pertes énormes qu'elle subit, ne pouvait plus
changer la face des choses. L'infanterie prussienne n'avait subi que des pertes peu considérables, et elle reprit aussitôt l'attaque dirigée
contre la division Liébert. En avançant contre
elle *on subit des pertes très graves :* c'est ainsi que
les trois bataillons du 6ᵉ régiment d'infanterie
n'étaient plus commandés que par des lieutenants.
Mais quand Casal eut été enlevé, les Français se
retirèrent à 3 heures dans la forêt de la Garenne
qui était leur suprême refuge. »

Il ressort de cette citation historique que le
plateau d'Illy avait été héroïquement défendu par
la division Liébert ; que la charge de cavalerie
avait eu pour but de dégager un instant cette division, accablée de tous les côtés et criblée par
les obus ; qu'après l'insuccès de cette charge, la
division s'était encore défendue pendant une
heure, résistant avec la plus grande opiniâtreté
et sous une pluie d'obus à des masses ennemies

sans cesse renaissantes auxquelles elle avait fait subir des pertes considérables.

Le récit du grand maréchal allemand réconforte nos âmes en nous montrant nos soldats luttant jusqu'au bout avec le plus grand courage.

Celui de la *Débâcle* étreint douloureusement nos cœurs, et courbe nos fronts sous une honte imméritée.

Nos ennemis le proclament : nous n'avons abandonné le plateau d'Illy qu'après avoir fait tout ce qu'il était humainement possible de faire pour le défendre. Voilà l'histoire, l'histoire vraie, celle qui doit être enseignée aux jeunes générations, pour qu'elles sachent comment nous nous sommes conduits en 1870 et comment elles devront se conduire quand le moment sera venu.

La presqu'île d'Iges.

Maurice et Jean rentrent à Sedan, sont faits prisonniers et dirigés sur la presqu'île d'Iges.

Dans cet effroyable camp de la misère, nos soldats ont souffert les plus grandes tortures physiques et morales, et la *Débâcle* nous les montre dans toutes leurs horreurs mais si démesurément grossies que l'esprit réfléchi se refuse à accepter ces descriptions.

Les ouvrages du général Lebrun et du prince Bibesco, dans lesquels l'auteur a puisé quelques renseignements qu'il a toujours exagérés ou faussés, nous disent que les envois de vivres faits par les Prussiens étaient très réduits mais qu'ils suffisaient pour empêcher le soldat de mourir. C'était du reste bien certainement un calcul de nos ennemis qui, en laissant les vaincus dans un grand état de faiblesse physique, n'avaient pas à craindre des révoltes ou des évasions. Cette leçon ne devra pas être oubliée. On mangeait des chevaux, et la faim n'a jamais été assez terrible pour troubler la raison et pousser à l'assassinat.

C'est cependant ce que l'auteur va nous montrer, et dans une scène ignoble Lapoulle et Chouteau égorgent froidement leur camarade Pache pour lui voler un morceau de pain qu'ils dévorent « tout éclaboussé de gouttes rouges ». Maurice et Jean assistent à cette scène de boucherie, mais ni l'un ni l'autre de ces deux hommes qui sont cependant les deux grands caractères de la *Débâcle* ne font un mouvement pour empêcher le crime qui s'accomplit sous leurs yeux. Jean, toujours aussi niais, les menace de les fourrer au bloc!... Comme nous l'avons dit plus haut, on nous a montré le soldat français révolté, voleur et lâche, on nous le montre maintenant assassin.

Quelque temps avant, Pache, celui qui croit au bon Dieu et qu'il faut par suite ridiculiser le plus possible, est représenté s'agenouillant devant un cheval qu'on va tuer et « bégayant des prières comme on en dit au chevet des agonisants : « Seigneur, dit-il, prenez pitié de lui », et, lorsqu'on a tranché l'artère de l'animal : « Mon Dieu, » bégayait-il, toujours à genoux, secourez-le, » ayez-le en votre sainte garde » (page 451).

Cette scène, destinée à tourner en ridicule un homme qu'on nous a présenté comme un catholique pratiquant, est absolument grotesque. Peut-on imaginer qu'un paysan brutal habitué aux tueries des fermes ait un instant l'idée, quand il a faim, de faire de ridicules prières devant le corps de l'animal qu'on tue pour pouvoir manger ? Et beaucoup de gens se pâment devant de pareilles descriptions, et M. Zola nous dit que c'est de l'histoire !

A côté des récits de la *Débâcle* qui nous montrent les soldats de Sedan ayant des dérangements d'entrailles, suant la peur avant que le premier coup de canon ait été tiré, ne montant à l'assaut que tremblants, le dos arrondi et sous le coup de la menace de recevoir des coups de pied, nous nous bornerons à placer quelques lignes.

A la suite de malheureuses considérations

politiques, l'armée de Mac-Mahon reçut l'ordre
formel de se diriger vers le nord pour donner la
main à Bazaine qui devait le rejoindre. Mac-Mahon obéit : le valeureux soldat ne pouvait faire
autrement. Bazaine ne sortit pas de Metz, et, le
1er septembre, après le combat de Beaumont,
100.000 Français refoulés sur Sedan étaient complètement entourés par 240.000 Allemands, traî-
nant avec eux plus de 800 canons.

De 5 heures à 9 heures du matin l'armée eut
trois commandants en chef qui donnèrent trois
ordres différents. Les positions que nous étions
obligés de défendre, par la force même des circonstances, étaient des plus mauvaises : notre
artillerie, d'une infériorité complète en nombre
et en portée, absolument incapable de lutter
contre l'artillerie ennemie, fut réduite de bonne
heure au silence. Sur beaucoup de points, les
munitions manquèrent. Jamais une armée ne
s'était trouvée dans une situation aussi terrible ;
et malgré toutes ces conditions désastreuses, la
bataille dura de 4 heures du matin à 5 h. du soir.
Nos soldats décimés par la mitraille se défendirent jusqu'à épuisement complet et nous perdîmes 14.000 hommes, le plus grand nombre
frappés par les éclats d'obus. Mais il ne faut pas
oublier que l'ennemi, comme preuve de notre

résistance héroïque, « laissait sur le champ de bataille 465 officiers et 8.500 soldats » (colonel Borbotsdt, *Campagne de* 1870-71). Si on ajoute à ces pertes celles subies dans les combats préparatoires de Beaumont, de Mouzon et de Bazeilles on voit que les journées de Sedan ont coûté à l'armée allemande 637 officiers et 12.350 hommes.

Voilà ce qu'avaient fait ces hommes épuisés par les fatigues et les privations de toutes sortes et que l'auteur nous représente comme un ramassis de couards et de lâches, refusant de marcher et se blottissant dans des trous comme des insectes.

Voici maintenant l'opinion de l'étranger sur ces soldats :

« Aucun reproche, dit M. de Wickede, — écrivain militaire qui fait autorité en Allemagne, — n'atteint les régiments français qui se sont battus à Sedan : presque tous ont héroïquement combattu; quelques régiments de cavalerie se sont littéralement jetés à la mort, et l'infanterie a montré tout ce qu'il était possible de faire dans une défense de villages aussi habile qu'opiniâtre.

» Dans cette dernière guerre, ajoute l'écrivain, l'armée française s'est, jusqu'à Sedan, bien et bravement battue. En particulier la vieille infanterie française s'est montrée parfaitement à la hauteur de la meilleure infanterie allemande en courage, en ténacité, en habileté surtout pour utiliser le terrain. »

Enfin nous terminerons en citant le passage suivant du rapport du grand quartier général allemand au sujet de la bataille de Sedan :

« C'est à des forces *deux fois supérieures* en nombre et aux foudroyants effets de notre artillerie que l'armée française dut sa défaite. Près de 500 bouches à feu tonnèrent contre elle, dans les dernières heures de la bataille, *et malgré des prodiges de vaillance*, elle devait fatalement succomber. »

Ainsi que nous l'avons dit plus haut, et nous ne saurions trop le répéter, tous les Français peuvent lire sans honte les récits allemands; et l'heure est venue où nous devons rendre justice aux braves qui ont combattu à Sedan et qui ont succombé victimes de la fatalité et de considérations absolument étrangères à leur valeur, à leur discipline et à leur dévouement.

IX

Forbach. — Borny. — Rezonville. — Saint-Privat.

Avant de terminer l'étude que nous avons commencée, nous tenons à résumer d'une façon très succincte les batailles qui ont eu lieu en Lorraine et dont l'auteur — on ne sait trop pour quels motifs — ne fait que citer les noms dans son histoire romanesque.

Pendant que la 3º armée allemande, sous les ordres du prince royal, envahissait l'Alsace, la 1ʳᵉ, sous les ordres du général Steinmetz, marchait sur la Lorraine, qui n'était protégée que par trois corps (2º, 3º et 4º) échelonnés de la Nied à la Sarre.

Après la comédie de Sarrebruck, le 2º corps, commandé par le général Frossard, se trouvait en flèche à Spickeren. Le colonel Rustow, dans son ouvrage : *La guerre des frontières du Rhin*, décrit parfaitement la situation. « Le malheur, dit-il, c'était que la France avait entrepris cette guerre sans préparation et avec des ressources absolument insuffisantes. Le général de Failly

devait soutenir Mac-Mahon à droite, rester en
communication avec Frossard à gauche, et,
avant tout, conserver en même temps sa position
de Bitche.

» Le général Frossard devait conserver ses
communications avec de Failly, couvrir tout
l'espace compris entre Bitche et Saint-Avold, et
avoir cependant des troupes disponibles pour
appuyer une grande opération contre Sarre-
louis.

» Comment suffire à tout cela avec 30.000
hommes ? »

Voilà la note vraie, donnée par un auteur
étranger. Nous nous sommes présentés partout
avec des forces absolument insuffisantes. Les
plans du grand quartier général étaient irréali-
sables et nous avons été vaincus parce que partout nous étions — sous tous les rapports —
dans les conditions d'infériorité les plus com-
plètes.

Forbach (Spickeren). (6 août.)

Le 6 août, jour de la bataille de Wœrth, le général Frossard, se trouvant avec raison trop isolé
en face des armées allemandes qui le menaçaient
sur ses flancs, abandonne Sarrebruck et vient

occuper les hauteurs qui courent de Forbach à
Spickeren.

Vers 11 h. 1/2, 45.000 Allemands attaquent le
2ᵉ corps, qui ne peut d'abord leur opposer que
10.000 hommes, les 10.000 autres, campés à
Ottingen, ne pouvant arriver que l'après-midi sur
le champ de bataille. Les Français, malgré leur
infériorité en nombre et surtout en artillerie, tinrent toute la journée sur la position de Rothen-
berg balayée par la mitraille, et les Allemands
ne purent s'en emparer qu'après avoir subi des
pertes énormes.

« Vers 7 heures du soir, dit le rapport allemand,
la division tente encore un mouvement offensif,
et les Prussiens se voient encore obligés de céder
devant la violence du choc; mais ce succès se
trouve bientôt arrêté par le feu des batteries
allemandes, et les dernières positions françaises,
défendues avec acharnement, sont enlevées à
8 h. 1/2 du soir. »

La nuit était venue et le 2ᵉ corps, qui avait
lutté toute la journée contre un adversaire deux
fois plus nombreux, armé d'une artillerie contre
laquelle la lutte était impossible, se retirait en
bon ordre, sans être inquiété, avec ses drapeaux
et ses canons, mais après avoir perdu en tués
ou blessés 249 officiers et 3.829 hommes.

Les pertes des Prussiens étaient beaucoup plus considérables; elles s'élevaient à 4.648 hommes dont 223 officiers, et le rapport allemand constate que la poursuite avait été impossible parce que les troupes étaient épuisées. Si le général Frossard avait été soutenu, la défaite se changeait en victoire.

C'est ici que nous voyons apparaître pour la première fois depuis le commencement de la guerre l'homme qui devait être le mauvais génie de la France et qui devait la précipiter dans le gouffre. Bazaine, qui avait depuis le 5 le commandement des trois corps d'armée, était alors à Saint-Avold. Prévenu dès le matin, et à différentes reprises pendant la journée, de la situation dans laquelle se trouvait le 2e corps, il reste dans ses positions et laisse écraser son lieutenant.

On lui prête à ce sujet ce mot horrible : « Puisque le maître d'école (en parlant du général Frossard, qui était précepteur du prince impérial) est dans la nasse, qu'il s'en tire comme il pourra. » Après ce qui s'est passé sous Metz, on peut parfaitement ajouter foi à cette phrase dont le sens est bien dans le caractère et dans les idées de celui auquel on l'attribue.

Borny (Colombey-Nouilly). (14 août.)

La bataille de Borny eut lieu le 14 août. La retraite sur Verdun avait été décidée et à 4 heures
du soir presque toute l'armée française était pas-
sée sur la rive gauche de la Moselle, lorsque le
3ᵉ corps (général Decaen), qui couvrait le mouvement, est attaqué par la 1ʳᵉ armée allemande.
Le but de l'ennemi est de retarder le plus possible notre passage sur la rive gauche de façon à
permettre à la 2ᵉ et à la 3ᵉ armée (prince Frédéric-Charles et prince royal) d'exécuter leur mouvement tournant et de franchir, à leur tour, la
Moselle, pour nous couper la route de Verdun.

Vers 4 heures, le 7ᵉ corps allemand attaque
nos avant-gardes et il est bientôt suivi par le 1ᵉʳ
et par le 9ᵉ. Le 4ᵉ corps (Ladmirault), qui avait
déjà passé la Moselle, revient sur la rive droite
pour secourir le général Decaen.

La bataille dura jusqu'à la nuit et les Prussiens,
malgré leur formidable artillerie, furent repoussés sur tous les points; mais ils ne purent être
poursuivis et leur combinaison stratégique avait
réussi : le passage de la Moselle par toute notre
armée avait été retardé.

Les forces engagées étaient à peu près égales

de chaque côté (environ 60.000 hommes). Nous avions perdu 200 officiers et 3.408 hommes. 146 officiers et 2.702 hommes appartenaient à la valeureuse division du général Decaen, qui continua à la diriger et à lui donner l'exemple malgré une grave blessure dont il mourut quelques jours après.

Les pertes des Prussiens étaient beaucoup plus considérables, elles s'élevaient à 5.000 hommes dont 222 officiers. (Rapport officiel allemand.)

Rezonville (Vionville — Mars-la-Tour). (16 août.)

Le but des Allemands était atteint, notre mouvement de retraite était retardé de quelques heures, mais nous pouvions encore gagner Verdun, rejoindre l'armée de Mac-Mahon et sauver la France dans les plaines de Champagne. La mauvaise fortune semblait reculer devant le courage de nos soldats, et devant nous s'ouvrait une route au bout de laquelle nous pouvions trouver la victoire.

Les deux armées réunies de Mac-Mahon et de Bazaine auraient représenté un effectif de plus de 300.000 combattants et, dans ces conditions, nous pouvions tout espérer. Mais l'homme néfaste qui

devait peser d'un poids si terrible sur les destinées de la France ne l'entendait pas ainsi. Son
ambition démesurée lui faisait entrevoir dans
l'avenir on ne sait quels horizons criminels dans
lesquels l'image de la patrie n'avait aucune place,
et la malheureuse armée de Metz devait rester
prisonnière de son bourreau jusqu'au jour où il
la livrerait aux Allemands.

Le 15, les corps français firent un peu moins
de 4 lieues, alors que l'armée ennemie faisait 40
kilomètres et venait nous attaquer le 16 à 9 heures du matin dans les environs de Vionville.

110.000 Français combattirent toute la journée
contre 120.000 Allemands qui arrivèrent successivement sur le champ de bataille (1).

Notre infanterie et notre cavalerie firent des
prodiges de valeur : les historiques des régiments
et les ouvrages spéciaux que l'auteur aurait dû
lire sont remplis de faits d'armes dignes des plus
beaux de nos annales de guerre. Le cadre de ce
travail ne nous permet pas de les citer, mais nous
ne pouvons passer sous silence la magnifique
charge à la baïonnette de la division de Cissey,

---

(1) Ce chiffre a été discuté. Mais le rapport du grand état-
major constate que 4 corps d'armée (3e, 8e, 9e et 10e) plus 3 divisions de cavalerie ont pris part à la lutte. Ces troupes, étant
donnés les effectifs allemands, représentent évidemment plus de
100.000 hommes.

broyant dans les ravins de Greyères les Hessois
et les Westphaliens, et cette héroïque mêlée de
cavalerie du plateau d'Yron, où 8.000 cavaliers
luttèrent pendant près de deux heures avec une
bravoure et un acharnement indicibles. — La
cavalerie allemande fut vaincue. — Le rapport
du grand état-major prussien sur cette charge se
termine ainsi : « L'intervention d'une division
fraîche de cavalerie française (division de Clé-
rambault) acheva la déroute des derniers escadrons allemands. »

A 8 heures du soir, nous avions conservé
toutes nos positions et la gauche de l'ennemi était
en déroute complète. La bataille, une des plus
sanglantes du siècle, avait duré douze heures et
coûtait aux Allemands, d'après leurs rapports
officiels, 15.079 hommes et 711 officiers.

Quant à nous, nous avions perdu 16.122 hommes dont 837 officiers ; 6 généraux et 7 colonels
restaient sur le champ de bataille. L'armée tout
entière avait été admirable de courage et de dévouement. Mais ce grand sacrifice allait-il du
moins nous être profitable? allions-nous, faisant
un dernier effort, jeter dans la Moselle les Allemands fatigués par de longues marches et démoralisés par un premier échec? allions-nous, en
laissant devant l'ennemi épuisé une forte arrière-

garde reprendre les routes d'Etain et de Briey qui
étaient ouvertes devant nous, regagner l'avance
perdue et nous dégager enfin de cette étreinte
fatale qui nous serrait à la gorge depuis la frontière ? Non, cette hécatombe devait être inutile et,
le soir, l'armée reçut l'ordre de se replier sous
Metz.

Saint-Privat (Gravelotte). (18 août.)

Après la bataille de Rezonville, qu'ils avaient
perdue, les Allemands, voyant que le général en
chef de l'armée française avait fait reculer ses
troupes victorieuses et leur laissait le champ
absolument libre, appelèrent à eux toutes les
troupes dont ils disposaient et se préparèrent
à effectuer ce grand mouvement tournant qui
devait nous rejeter définitivement dans la forteresse.

Le grand effort de l'ennemi eut lieu sur notre
droite et c'est à Saint-Privat, écrasés par le nombre et malgré des prodiges de valeur, que nous
perdîmes la bataille que nous aurions dû gagner
si l'armée avait eu ce jour-là un commandant en
chef.

Bazaine avait disposé ses troupes sur une ligne

étendue mais très forte; la gauche (2ᵉ corps, général Frossard) depuis le village de Rozerieulles jusqu'au Point-du-Jour, le centre (3ᵉ et 4ᵉ corps, généraux Lebœuf et Ladmirault) appuyé sur les fermes de Moscou et de la Folie ; la droite (6ᵉ corps), commandée par le maréchal Canrobert, s'étendait vers Amanvillers et Saint-Privat.

Pendant toute la matinée du 18 août nos troupes, l'arme au pied, virent avec étonnement défiler en face d'elles des masses de troupes considérables se dirigeant vers notre droite pour chercher à la tourner et à l'envelopper, — manœuvre de flanc des plus audacieuses mais des plus imprudentes et qui aurait coûté cher à l'armée allemande si elle n'avait pas eu en face d'elle un général qui ne voulait pas vaincre.

A 11 heures, le mouvement était terminé et 90.000 hommes avec 280 bouches à feu allaient se ruer sur le corps de Canrobert qui ne comptait que 26.000 soldats et 78 canons incomplètement approvisionnés. Cette lutte si inégale de un contre trois dura jusqu'au soir, et l'histoire offre peu d'exemples d'une résistance pareille, d'un courage, d'un dévouement et d'une discipline au feu plus complets.

A Sainte-Marie-aux-Chênes, le 94ᵉ de ligne, fort d'environ 1.400 hommes, se défendit pendant deux heures contre 24.000 Allemands et ne se retira que quand il n'eut plus de munitions.

Trois brigades de la garde prussienne, l'élite de l'armée, tentèrent vainement de s'emparer de Saint-Privat; leurs assauts répétés, exécutés avec une bravoure admirable, vinrent se briser contre le courage de nos soldats qui n'avaient pu cependant, faute d'outils, mettre la position en état de défense, et 8.000 Prussiens tombèrent autour de ce village qui devenait ainsi, suivant l'expression du roi de Prusse, le tombeau de la garde.

A 5 heures, le maréchal Canrobert, le brave des braves, qui était resté toute la journée à la tête de ses troupes et sur les points les plus exposés, écrivait au général en chef : « Un feu d'artillerie terrible éteint le nôtre; les munitions me manquent. » Bazaine n'envoya aucun secours. Et pendant ce temps, la garde composée de 20.000 vieux soldats restait immobile sous Metz, et plus de 100 pièces d'artillerie prêtes à marcher attendaient des ordres.

Au centre et à gauche, non seulement nous avions maintenu nos positions, mais nous avions forcé l'ennemi à reculer. A Rozerieulles, au bois des Génivaux, à la ferme de Moscou, à la ferme Saint-Hubert, les troupes de Steinmetz avaient subi un véritable désastre, et les soldats de Lad-

mirault, de Lebœuf et de Frossard, qui avaient
fait des prodiges de valeur, étaient restés impas-
sibles sous une pluie d'obus.

La situation de l'ennemi devenait critique, et
l'ordre avait été donné de dégager les ponts en
prévision d'une retraite sur la rive droite de la
Moselle. Que la garde impériale arrive et la défaite
de l'armée allemande, dont le front est immense,
est à peu près certaine. Mais la garde conservée
prudemment en réserve pour d'autres occasions
reste immobile, et elle ne se présentera sur le
champ de bataille que pour couvrir la retraite.

Pendant que la garde royale se faisait broyer
à Saint-Privat, le 12e corps (Saxons) effectuait son
mouvement tournant et venait prendre à revers
le corps de Canrobert. Brisés de fatigue, sans
munitions et n'espérant plus aucun secours,
ces soldats héroïques, qui avaient lutté toute la
journée un contre trois, et qui, jusqu'au soir,
étaient restés victorieux, se retirèrent lentement
la rage dans le cœur. Les autres corps couchèrent
sur leurs positions d'où les Prussiens n'avaient
pu les déloger.

Ainsi, dans cette mémorable bataille du 18
août, 110.000 Français avec 450 canons luttèrent
pendant neuf heures contre 220.000 Allemands
ayant avec eux plus de 700 pièces d'artillerie.

Le prince Frédéric-Charles s'exprime ainsi
dans son rapport : « Après un combat aussi
acharné, — car les Français s'étaient battus avec
une bravoure digne de leur ancienne renommée,
— les pertes furent terribles de part et d'autre;
plus de 30.000 hommes morts ou blessés prouvent l'acharnement de ce combat qui dura neuf
heures et dans lequel la vaillance des Allemands
ne triompha qu'à grand'peine de l'opiniâtre résistance des Français. »

Les Allemands perdirent 899 officiers et 19.260
hommes. La garde royale seule avait perdu plus
de 8.000 hommes dont 307 officiers. De notre
côté, 595 officiers et 11.678 sous-officiers et soldats restèrent sur le champ de bataille. Les trois
journées de Metz avaient coûté aux Allemands
près de 50.000 hommes.

Voilà l'histoire. Où est la débâcle dans ces batailles acharnées pendant lesquelles la fortune
nous a trahis ? où sont les révoltés et les lâches
parmi ces soldats qui à Borny, à Gravelotte et à
Saint-Privat se battent pendant des journées en-
tières et courent le lendemain à de nouveaux
combats ? où sont les officiers faibles et incapables qui ne savent pas commander leurs hommes
pendant les marches et qui les quittent le jour
du danger ? Si l'auteur, comme c'était son devoir

puisqu'il a la prétention de nous donner quelques
pages d'histoire, avait consulté les documents
français et allemands, il aurait vu ce qu'avaient
fait nos soldats dans ces journées mémorables, et
il aurait trouvé d'autres types que les Chouteau
et les Loubet, et d'autres caractères que ceux des
capitaines, des colonels et des généraux qu'il
nous a présentés.

X

La guerre en province. — Les places fortes. — Les francs-tireurs.

Après la capitulation de Sedan, la France n'a plus d'armée, et les vaincus de la presqu'île d'Iges seront bientôt rejoints dans les bagnes allemands par les vainqueurs de Saint-Privat : l'œuvre de Bazaine sera complète le jour où l'armée du prince Fréderic-Charles libre de ses mouvements viendra se joindre à von der Thann pour écraser nos armées de la Loire.

Pendant ce temps la nation entière s'est levée et elle va faire un effort gigantesque, mais, hélas! inutile, pour repousser l'envahisseur. On a beaucoup discuté et beaucoup écrit pour et contre l'utilité de cette défense. On a rappelé que les nations sages qui étaient battues faisaient la paix lorsque leurs armées ne pouvaient plus tenir la campagne.

Ainsi avaient fait de nos jours les Russes après Sébastopol, les Danois après leur belle résistance derrière les fortifications de Duppel et de Frédéricia les Autrichiens après Solferino et après

Sadowa. Pourquoi n'avions-nous pas fait de même alors que tous nos soldats étaient tués, blessés ou prisonniers?

Nous n'avons pas agi de même — et ce sera notre éternel honneur — parce que nous sentions instinctivement que nous devions nous relever aux yeux de l'Europe de la chute formidable que nous avions faite. Il fallait immédiatement montrer à tous que, si notre petite armée mal organisée et mal dirigée avait héroïquement succombé en quelques jours, écrasée par le nombre, notre patriotisme restait entier pour défendre notre sol et sauvegarder notre honneur.

Après la perte de nos armées tous les hommes valides sans distinction de parti vinrent se ranger sous le drapeau de la France; les petits-fils des émigrés se firent bravement tuer à côté des descendants des bleus, et, pour la première fois depuis le commencement du siècle, tous les cœurs se réunirent sans arrière-pensée en face de l'ennemi. Ce grand élan patriotique éleva les âmes et montra à l'etranger que, si nous avions été vaincus dans cette guerre si follement conduite, c'est que nos bras seuls avaient été impuissants.

Après la prise de Sedan et l'investissement de Metz, 600.000 Allemands qui devaient être bientôt suivis par 600.000 autres occupaient l'est de la

France; les anciens bataillons qui nous restaient étaient bloqués dans les places fortes, et nous n'avions pas un seul régiment complet à opposer aux envahisseurs. Le gouvernement de la défense nationale avait tout à créer; et, malgré les fautes qu'il a commises, il faut reconnaître qu'il fit des efforts surhumains pour accomplir sa tâche si difficile et qu'il réussit.

La résistance, qui ne pouvait évidemment pas aboutir, s'est prolongée pendant quatre mois : pendant quatre mois, nos mobiles et nos gardes nationaux mal commandés, mal armés, mal nourris, mal vêtus, mal chaussés, n'ayant aucune habitude ni de la marche ni de la guerre, ont lutté contre les vieux soldats de l'Allemagne, endurcis à toutes les fatigues, admirablement armés et disciplinés. Ils ont été vaincus, mais ils ont fait honneur à leur pays à Orléans, à Châteaudun, à Coulmiers, à Beaune-la-Rolande, à Villepion, à Patay, à Vendôme, au Mans, à Villersexel, à Héricourt, à Dijon, à Pont-Noyelle et à Bapaume.

« En rase campagne, dit le maréchal de Moltke dans son histoire de la guerre, les Français avaient bien vite le dessous grâce à l'habile direction que nos généraux savaient donner à leurs masses. Dans la défense des localités, par contre, les soldats n'avaient besoin que de déployer du courage et de la contenance, et ni l'un ni l'autre ne firent défaut aux troupes françaises, organisées depuis si peu de temps. »

Il y a eu évidemment parmi ces troupes improvisées de grandes défaillances et de grandes faiblesses, il y a eu des paniques, mais il y a eu aussi des actes de vigueur, de courage et de patriotisme, et le véritable historien devra faire connaître les uns et les autres à nos enfants : il faut que ces derniers puissent dire un jour à ceux qui écrivent que la France était pourrie du haut en bas avant même de commencer la guerre, que la pourriture n'était pas si grande puisque la malade n'est tombée qu'après de longues et sanglantes luttes, et qu'en somme les Allemands ont mis six mois pour pouvoir occuper pendant 48 heures un petit coin de Paris, tandis qu'après Iéna nous n'avons mis que dix jours pour entrer triomphalement à Berlin.

L'auteur de la *Débâcle* n'a pas cherché à faire ce patriotique rapprochement, et il laisse complètement de côté la guerre de province comme il avait négligé les batailles de l'est. Il n'en parle qu'accessoirement, pour faire bien voir, dans un langage toujours admiratif, la marche savante et méthodique des Allemands forgeant les an-

neaux de la ceinture de fer qui devait « boucler
Paris », comme ils avaient forgé les branches de
l'immense tenaille qui avait étouffé notre armée
à Sedan. Il donne la liste exacte des places qui
ouvrirent leurs portes en ayant soin de faire remarquer le nombre considérable de canons que
chacune d'elles renfermait; mais il oublie de dire
que ces places, véritables nids à bombes, n'a-
vaient pas une seule pièce à longue portée pour
pouvoir se défendre, qu'elles manquaient de munitions et de vivres, et que les garnisons, composées de mobiles et de gardes nationaux, étaient
d'une faiblesse dérisoire.

En présence d'une place de peu d'importance,
les Prussiens n'avaient qu'à s'installer sur une
hauteur dominante, à bombarder la ville sans
danger et à attendre patiemment en regardant
les incendies qu'ils allumaient. C'est ce qu'ils
firent partout, obéissant aux instructions du maréchal de Moltke, qui dit que le meilleur moyen
d'obtenir la reddition d'une place « c'est de bombarder la ville elle-même, et qu'il n'y a pas à
hésiter entre la vie de quelques soldats et la destruction de centaines de maisons ». Le général
allemand ne veut pas s'arrêter à la pensée que
ces maisons sont habitées par des vieillards, par
des femmes et par des enfants.

Quoi qu'il en soit, cette nouvelle méthode de guerre, inaugurée par nos ennemis, porta ses fruits : aucune place ne fut enlevée de vive force, et les malheureuses petites villes, sous le coup d'une destruction complète, sans aucune défense possible et sans espoir de secours, se rendirent après quelques jours de bombardement.

Thionville reçut 25.000 projectiles, Longwy 30.000, Schlestadt 10.000, Rocroy 2.000. Péronne, bombardée à deux reprises différentes, du 27 au 30 décembre et du 2 au 9 janvier, reçut plus de 80.000 obus.

Mézières en avait reçu 12.000. Verdun n'ouvrit ses portes que le 9 novembre après avoir fait plusieurs sorties et après avoir subi un bombardement incessant de 88 pièces.

Phalsbourg résista héroïquement pendant quatre mois, du 8 août au 12 décembre, au feu de 60 pièces tirant sur la ville : presque toutes les maisons furent détruites. Après avoir repoussé une attaque de vive force, n'ayant plus de vivres, le commandant Taillant fit enclouer les canons, briser les fusils, noyer les dernières cartouches et se rendit prisonnier avec ses 50 officiers et 1.800 hommes.

Laon n'est pas une ville forte; mais il y avait une citadelle contiguë à la ville qui aurait pu être défendue pendant quelques jours. Le général capitula sans tirer un coup de fusil : mais au moment où les Allemands prenaient possession de cette place, une formidable explosion se fit entendre. Un garde d'artillerie nommé Henriot venait de donner sa vie pour racheter l'infamie de la capitulation, et avait mis le feu aux magasins à poudre. Une centaine d'Allemands étaient ensevelis sous les décombres, et le général qui avait livré la forteresse sans combat était assez heureux pour être tué.

Les places plus importantes et mieux approvisionnées se défendirent plus longtemps. Toul résista pendant 49 jours (1); Strasbourg, bombardé et incendié avec la plus grande fureur du 14 août au 26 septembre, reçut 193,000 projectiles; Belfort et Bitche résistèrent jusqu'à la fin et n'ouvrirent leurs portes qu'après l'armistice et sur l'ordre du gouvernement français.

Bitche investie en novembre 1870 ne se rendit que le 11 mars 1871 : elle fut complètement incendiée et sa résistance empêcha les Allemands

---

(1) 450 maisons furent détruites ; 10.000 habitants restèrent sans abri, 2.000 furent tués ou blessés. L'hôtel de ville, le théâtre, le temple neuf, le gymnase, la bibliothèque avec 200.000 volumes étaient devenus la proie des flammes; la cathédrale était mutilée, la citadelle détruite. (De Moltke, *Histoire de la guerre.*)

de se servir du chemin de fer de Sarreguemines
à Niederbronn.

Ainsi toutes nos places, bombardées sans aucun
danger pour l'ennemi, étaient tombées les unes
après les autres parce qu'il leur avait été impossible de se défendre, l'incurie incroyable du gouvernement les ayant laissées sans armes, sans
munitions, sans vivres, sans défenseurs. Et si
quelques-unes n'ont pas prolongé la résistance
autant qu'elles l'auraient pu, si elles ont capitulé
avant les délais réglementaires, il faut bien voir
dans quelle situation d'esprit se trouvaient ces
malheureux mobiles et gardes nationaux qui
voyaient leurs foyers exposés à une destruction
complète, devant arriver forcément, à heure
fixe, sans qu'il y eût aucun espoir de les sauver.

On fut témoin pendant ces sièges de magnifiques actes de courage dont les villes gardent le
souvenir et qui font excuser bien des faiblesses.

Aucun de ces épisodes n'est relaté dans la *Débâcle :* l'auteur préfère nous montrer une seconde
édition de l'ambulance du docteur Bourroche,
qu'il nous a déjà longuement dépeinte dans toutes
ses horreurs. Ici nous sommes à l'ambulance du
docteur Dalichamp et nous voyons encore pendant plusieurs pages couper des bras et des
jambes, ouvrir des plaies, désarticuler des mem-

bres et drainer du pus fétide « au milieu d'une
odeur de nécrose qui vous prend à la gorge ». La
description de ces charniers est absolument hi-
deuse, et on se demande avec stupéfaction ce que
viennent faire de pareilles horreurs dans un livre
destiné à enseigner l'histoire.

Mais en fait de choses horribles, l'auteur arrive
à se surpasser lui-même dans son épisode des
francs-tireurs.

Trois affreux gredins « qui coupent les têtes des
uhlans après les avoir dévalisés et qui rançonnent
le paysan quand le gibier ennemi vient à manquer » vont nous faire voir dans cette histoire ce
qu'étaient les francs-tireurs de 1870. Ces trois
échappés du bagne attirent dans un guet-apens
un Prussien qui avait été garçon de ferme dans
les environs et qu'ils accusent, non peut-être
sans raison, d'avoir joué le rôle d'espion. Ils se
jettent sur lui au moment où il entre sans défiance dans la maison, le ligottent avec des cordes,
le couchent sur une table, et, pour prolonger son
agonie, ils s'érigent en tribunal et font semblant
de le juger. L'un remplit les fonctions d'accusa-
teur, l'autre celles d'avocat et il fait en latin de
lugubres plaisanteries : c'est d'un sinistre écœu-
rant.

Après la condamnation, un de ces trois mons-

tres prend un couteau « qui servait à couper le
lard », fait avancer la tête du malheureux au bord
de la table et le saigne « en ménageant la blessure
pour que la mort soit plus lente ».

Une jeune fille nommée Silvine, qui a été la
maîtresse de ce Prussien et dont elle a eu un fils,
mais qu'elle n'aime plus aujourd'hui, assiste à
cette boucherie avec son enfant; elle apporte
même le baquet dans lequel doit couler le sang,
et l'auteur a le soin de faire remarquer que c'est
dans ce baquet qu'elle lavait les vêtements de
son petit, qui finit par s'écrier : « J'ai peur, ma-
man, emmène-moi. » C'est l'horrible dans l'horrible, et quand on a lu ces pages il semble qu'on
sorte d'un épouvantable cauchemar. C'est tout
ce que la génération actuelle apprendra dans la
Débâcle sur le rôle joué par les francs-tireurs pendant la guerre.

Cette scène de cannibales se passe dans la maison du père Fouchard, qui, lui, représente le paysan français pendant la même époque.

Nous ne nous appesantirons pas sur ce vilain
personnage qui se demande toujours comment le
malheur des autres pourra lui être profitable,
qui refuse de donner à manger à son neveu et à
son fils, pour pouvoir vendre ses provisions aux
Prussiens, qui fait déserter un soldat pour l'avoir à

son service sans être obligé de lui payer des gages,
et qui, après un commerce des plus fructueux
fait avec l'ennemi, devient un gros propriétaire.
Ce Fouchard qui réussit si bien est un bon exemple
que l'auteur montre aux paysans, qui verront
qu'au lieu de défendre leur maison et de risquer
bêtement de se faire tuer, il est bien plus profitable
de nourrir grassement l'ennemi et de chercher, à
force de bassesses, à lui faire payer très cher ce
qu'on lui vend. C'est la manière de faire la guerre
de Fouchard : il la trouve très bonne, et il le dit
très haut, et comme il réussit et que tous les faits
lui donnent raison, il est évident que certaines
natures pourront chercher, à l'occasion, à imiter
le triste personnage que leur montre M. Zola.

Les corps francs qui se levèrent sur différents
points du territoire furent loin de rendre les ser-
vices qu'on pouvait attendre d'eux. Au milieu du
désarroi général dans lequel nous nous trouvions
il avait été impossible d'organiser ces corps d'une
façon sérieuse et de les mettre entre les mains
d'hommes choisis, énergiques et expérimentés.
Ces troupes, recrutées au hasard et le plus souvent mal conduites, furent en général indiscipli-
nées et elles commirent des exactions très regrettables vis-à-vis des populations qui souvent hélas!
par crainte de l'ennemi refusaient de les recevoir

et de pourvoir à leur subsistance ; mais quelques-
unes furent admirables et exécutèrent des coups
de main qui effrayèrent tellement les Allemands
que ces derniers ne craignirent pas, contrairement à tous les droits de la guerre, de mettre
hors la loi ces hommes qui défendaient leurs
foyers. Parmi les nombreux faits que l'on peut
mettre à l'actif des corps francs, il faut citer en
première ligne la défense de Châteaudun.

Le 18 octobre 1870, 800 francs-tireurs sous les
ordres du comte Lipowski et 400 gardes nationaux commandés par le capitaine Testanières,
arrêtèrent pendant huit heures, devant une ville
ouverte, une colonne de 10.000 Prussiens dispo-
sant de 30 pièces d'artillerie. Après un long
bombardement auquel les défenseurs ne pouvaient répondre, car ils n'avaient pas un seul
canon, les Allemands essayèrent de prendre la
ville d'assaut. Repoussés à différentes reprises
après avoir subi de grandes pertes, ils ne purent
s'emparer des barricades qu'à 8 heures du soir,
après les avoir tournées.

Pendant une demi-heure et par une nuit obs-
cure, une lutte effroyable de un contre dix se
continua dans les rues de la ville. Enfin le combat cessa, mais les Prussiens laissaient autour de
cette héroïque cité 2.500 hommes tués ou blessés.

Châteaudun fut pillé maison par maison et complètement détruit par le feu. Il y eut pendant cette nuit des scènes épouvantables de pillage, de viols et de meurtres comme on n'en avait pas vu depuis les temps barbares.

« Alors, écrit le général Ambert dans son livre « *La guerre de* 1870 », Châteaudun est le théâtre de scènes renouvelées des Huns et des Vandales. Le quartier Saint-Valérien épargné par l'incendie est inondé de Prussiens. Ils enfoncent les portes et les fenêtres, pénètrent dans les maisons et les livrent au pillage, frappant les habitants, les chassant ou les retenant prisonniers. Pendant que les uns défoncent les portes, fouillent les armoires, volent et saccagent, les autres versent le pétrole et mettent le feu...

» Les juifs usuriers de l'Allemagne entrèrent dans Châteaudun le lendemain de la prise; ils achetèrent aux officiers et aux soldats les meubles, le linge, l'argenterie volés, et ils transportèrent ces richesses dans leurs chariots remisés à Rainville. » (Général Ambert.)

« Le 20, à 5 heures du matin, dit le rapport allemand, la division prussienne se remit en marche. Les flammes qui émergeaient des ruines étaient si vives qu'il faisait presque aussi clair qu'en plein jour. »

100 habitants pris comme otages furent envoyés prisonniers en Poméranie ; enfin le pillage
ne suffisant pas, une contribution de 200.000 fr.
fut levée sur le pays.

Le Gouvernement décréta que Châteaudun
avait bien mérité de la patrie, et le souvenir de
ce grand exemple de patriotisme et de ces actes
odieux devrait être gravé dans le cœur de tous
les Français.

Les chasseurs des Vosges ont fait subir à l'ennemi des pertes considérables et un de leurs plus
beaux faits d'armes est la destruction du pont de
Fontenoy-sur-Moselle entre Toul et Liverdun.

Les 20, 21 et 22 janvier, 250 francs-tireurs
font 90 kilomètres dans des sentiers perdus dans
les bois, marchant jour et nuit par un froid gla-
cial. Ils arrivent à Fontenoy à 6 heures du matin,
surprennent le poste allemand, coupent le télé-
graphe et font sauter le pont : une brèche de plus
de 40 mètres en interdit pour longtemps l'usage
aux Allemands.

Le petit corps franc revient ensuite à son cam-
pement après avoir fait 180 kilomètres, échappant
aux troupes allemandes lancées à sa poursuite.

Le lendemain, le village de Fontenoy était incendié pour punir la province, qui était en outre
frappée d'une énorme contribution de guerre.

Le surlendemain, la réquisition suivante était adressée aux habitants :

« Si demain, 24 janvier, à midi, cinq cents ouvriers des chantiers de la ville ne se trouvent pas à la gare, les surveillants d'abord, et un certain nombre d'ouvriers ensuite, seront fusillés. »

« A Avallon, dit un témoin oculaire, le lieutenant-colonel Lebrun de Rabot, des francs-tireurs avaient tué un dragon prussien et dispersé une patrouille. Le lendemain, 5,000 hommes et 10 pièces d'artillerie arrivèrent devant la ville, défendue par quelques francs-tireurs et sur laquelle ils lancèrent près de 200 obus. Quand ils furent entrés, musique en tête, ils exigèrent 18.000 rations à livrer dans une heure et, comme il était impossible de satisfaire à cette exigence, le commandant prussien donna à sa troupe trois heures de pillage. Aussitôt les rues et les maisons furent envahies par ces brigands qui, sous la conduite de leurs officiers, pillèrent les magasins de nouveauté, de bijouterie, d'épicerie, de mercerie, etc. Les cordonniers et les selliers virent enlever leur cuir jusqu'au dernier morceau. On vola chez M. Mathé, négociant et maire de la ville, pour plus de 30.000 francs de draperie (1).

---

(1) Dans son rapport sur les départements envahis, M. Passy évalue à une somme de 709 millions les exactions et les vols des

» Les Prussiens rouèrent de coups les femmes, qui poussaient des cris de détresse ; ils leur arrachèrent leurs boucles d'oreilles, leurs chaînes et leurs montres.

» En se retirant après cette sauvage expédition, les officiers voulurent bien dire aux habitants qu'ils n'étaient venus que pour châtier Avallon d'avoir logé des francs-tireurs. » (*Guerre de* 1870, par Christian.)

Le village d'Ablis, près duquel un escadron de hussards prussiens avait été détruit, fut pillé puis incendié ; plusieurs paysans furent fusillés sans motifs dès l'arrivée des troupes. « L'incendie d'Ablis, dit un historien allemand (Zimmermann, *La Guerre franco-allemande*) ne s'éteint pas dans l'histoire. Il reste une tache ineffaçable pour ceux que leur aveugle passion a entraînés à donner des ordres barbares, pour ceux qui ont contraint leurs soldats à mettre tout à feu et à sang. »

Le corps de Werder, auquel les francs-tireurs firent beaucoup de mal, se signala entre tous par la destruction de nombreux villages et par ses impitoyables exécutions.

Partout où il se trouvait des francs-tireurs, les

armées allemandes. Après l'armistice, la guerre étant terminée, des sommes énormes furent encore exigées pour remplir les coffres du gouvernement prussien.

Allemands avaient affiché des proclamations dans lesquelles ils disaient que tout individu n'appartenant ni à l'armée régulière ni à la garde mobile qui serait pris les armes à la main ou qui s'opposerait d'une façon quelconque à la marche des armées allemandes serait pendu ou fusillé ; — que tous les maires devaient prévenir les commandants allemands le plus à proximité sitôt que des francs-tireurs se montreraient dans leurs communes ; — que toutes les maisons qui donneraient asile aux francs-tireurs seraient brûlées.

Et cependant, le gouvernement de la défense nationale, agissant dans la plénitude de ses droits, avait décrété partout la levée en masse et avait ainsi fait de tout citoyen un soldat. Les Allemands, pour lesquels la force primait le droit, ne tinrent aucun compte de ce décret. Ils fusillèrent non seulement les francs-tireurs, mais tous les habitants qui cherchaient à défendre leur vie ou leur propriété.

Ils fusillèrent comme otages des innocents et des vieillards sans défense : ils brûlèrent et pillèrent des villages entiers qu'ils rendaient responsables de la mort d'un de leurs soldats. Ils arrachèrent de leurs foyers et envoyèrent prisonniers en Allemagne des citoyens honorables, membres des municipalités qui n'avaient pas pu faire exécuter leurs ordres. Ils inaugurèrent enfin dans notre malheureux pays un système de terreur épouvantable dont nous devrons nous souvenir un jour et qui a creusé entre eux et nous un abîme que rien ne pourra combler.

« Les chefs allemands, se croyant sûrs de la victoire finale, ne prenaient aucun souci des habitants, leur enlevaient jusqu'à leur dernier morceau de pain. Par surcroît de misère et d'humiliation les derrières de l'armée allemande fourmillaient de brocanteurs juifs qui, pareils aux goujats des anciennes armées, se vengeaient sur les populations vaincues du mépris et des outrages dont les accablaient les officiers et les soldats de leur propre pays. La terreur et l'exploitation des vaincus étaient le mot d'ordre donné aux soldats allemands, et les *Propos de table* de M. Moutz Busch, un des secrétaires de M. de Bismarck, nous apprennent avec quelle joie sauvage le chancelier de fer apprenait la nouvelle de l'exécution sommaire de quelque franc-tireur ou garde national non revêtu d'un uniforme complet et la colère qu'il manifestait quand on lui annonçait qu'un officier prussien n'avait pas exécuté à la lettre l'ordre sanguinaire contenu dans les proclamations. » (Wachter, *Histoire de la guerre franco-allemande.*)

Depuis l'incendie du Palatinat qu'ils sont obligés de nous reprocher pour justifier leur conduite de sauvages, les idées s'étaient bien modifiées et la guerre ne se faisait plus de la même façon. Ils sont revenus à cette époque et nous serons obligés de les suivre.

Ils nous ont rappelé à différentes reprises que « la guerre était une affaire et que nous n'étions plus aux temps chevaleresques ».

« En 1871, dit le colonel allemand Koettschau dans son livre intitulé *La prochaine guerre franco-allemande,* en 1871 la hache de guerre a été enfouie, mais le manche sort encore du sol : le calumet de la paix n'a pas été fumé. Une nouvelle guerre est nécessaire et elle aura de prime abord un caractère impitoyable ; il n'est pas impossible du tout que nous marchions en ayant pour mot d'ordre : *Pas de quartier.* »

La lutte de demain sera pour nous une question de vie ou de mort et elle sera impitoyable : nous sommes avertis. Aussi, nous ne devrons pas oublier que le salut de la patrie doit être la loi suprême, et, laissant de côté pour le moment toutes les théories humanitaires et tous les sentiments généreux de notre race, nous aurons le devoir d'appliquer d'une façon complète et avec la plus grande rigueur les nouveaux principes de guerre qui nous ont été enseignés.

XI

Siège de Metz. — Siège de Paris. — L'armée de l'Est.

Siège de Metz (Sainte-Barbe, Noisseville).
(31 août, 1er septembre.)

Dans quatre mémorables journées, à Forbach, à Borny, à Rezonville et à Saint-Privat, l'inaction de Bazaine avait eu pour nous les conséquences les plus déplorables.

Le lendemain de la grande bataille où il avait laissé écraser le corps de Canrobert, l'armée rentrait sous les canons de Metz, et un journal, *le Courrier de la Moselle*, publiait une note émanant évidemment du grand quartier général et dans laquelle il était dit : « que le plan de l'ennemi, pour la journée du 18, avait échoué et que l'armée du maréchal, en tenant autour de Metz, faisait face à la fois à des nécessités stratégiques et politiques ».

L'avenir devait prouver que cette note était bien l'expression vraie de l'état d'esprit du commandant en chef.

Pour motiver ces considérations stratégiques, Bazaine prétend : « que la présence de son armée sous Metz immobilisait devant cette ville plus de 200.000 ennemis, qu'elle donnait ainsi à la France le temps d'organiser la résistance, aux armées en formation de se constituer, et parce qu'en cas de retraite de l'ennemi, elle le harcèlerait si elle ne pouvait lui infliger de défaite définitive ».

Ces raisons sont inacceptables et le général de Rivière les critique justement en disant dans son rapport : « qu'un rôle purement expectant ne pouvait convenir à la seule armée fortement constituée que possédait la France. On ne saurait trop s'élever contre une semblable théorie qui légitimerait en apparence, dans l'avenir, l'inertie des généraux, et laisserait à d'autres qu'à de véritables soldats le soin de tenir campagne et de se battre. » Quant aux raisons politiques, tout le monde les connaît, et elles ne sauraient être trop flétries.

Bazaine voulait conserver intacte entre ses mains la dernière armée de la France, pour pouvoir imposer sa volonté quand le moment serait venu.

Le 23 août le commandant de l'armée de Metz reçut une dépêche du maréchal de Mac-Mahon

lui annonçant le mouvement en avant de l'armée
de Châlons : il n'en tint aucun compte et nia
même l'avoir reçue pour excuser la faute qu'il
avait commise en ne marchant pas immédiatement au-devant de l'armée qui venait à lui. Le
général Lewal, au cours du procès de Trianon, a
affirmé que la dépêche était arrivée à son adresse.
Cependant, le 31 août, pour atténuer la responsa-
bilité énorme qu'il sentait devoir peser sur lui,
Bazaine ordonna une sortie avec Thionville pour
objectif. Les troupes prirent leur position dans
la journée, bien en vue des Allemands qui purent
ainsi préparer à loisir leurs moyens de défense.
Le dispositif imposé à l'armée française était du
reste des plus étranges, et prouvait aux plus
aveugles qu'on n'avait nullement l'intention de
marcher en avant. L'action ne commença qu'à
4 heures du soir, et, malgré les hésitations si évi-
dentes du commandement, bien que la confiance
dans leur chef fût fortement ébranlée, nos troupes firent bravement leur devoir, et c'est avec la
plus grande vigueur qu'elles enlevèrent les villages de Montoy, Flaville, Noisseville, Nouilly,
Vany, Chieules et Servigny. Coincy avait été pris
par deux escadrons de dragons qui avaient mis
pied à terre.

Mais, pendant ce temps, la nuit était venue,

et l'impétuosité de nos soldats se trouvait encore une fois arrêtée par des circonstances déplorables.

« L'obscurité était complète, dit M. Wachter dans son excellent livre sur la guerre de 1870, l'artillerie avait partout cessé son feu, et le maréchal Bazaine, sans s'inquiéter de la fusillade très nourrie qui crépitait entre Poixe et Servigny, se dirigea tranquillement vers le village de Saint-Julien pour y passer la nuit. Il ne donna aucun ordre, ne demanda aucun renseignement sur les événements de la journée, ni sur la position de ses différents corps d'armée. Tout lui semblait tellement indifférent qu'il se contenta de donner rendez-vous à l'état-major pour le lendemain matin. Il était 8 h. 1/2 du soir ! »

Du côté des Allemands, la situation n'était pas la même : en prévision de la lutte du lendemain, le prince Frédéric-Charles avait appelé à lui toutes les réserves disponibles, et il avait employé la nuit à fortifier ses positions.

Le 1er septembre, les généraux recevaient du maréchal Bazaine le mot suivant écrit au crayon et qui devait être détruit par les officiers chargés de le porter :

« Le village de Sainte-Barbe reste toujours l'objectif de nos efforts ; mais si l'ennemi a reçu des renforts pendant la nuit, on se bornera à se

Les Erreurs.   9

maintenir sur les points occupés hier afin de venir reprendre sous le canon de la place nos anciennes positions. »

Comme il était évident que l'ennemi avait reçu des renforts, on ne fit aucun mouvement en avant ; du reste les hésitations du commandant en chef et sa volonté bien claire pour tous de ne pas s'éloigner de Metz avaient paralysé l'ardeur des soldats. Ecrasés par une formidable artillerie, ils ne purent conserver les positions qu'ils avaient conquises, et, à 11 heures, Bazaine donnait l'ordre de la retraite. Nous avions perdu 145 officiers et 3.397 sous-officiers ou soldats : les Allemands laissaient sur le champ de bataille 126 officiers et 2.850 hommes.

A partir de ce moment l'armée de Metz n'existe plus ; Bazaine ne donne plus d'ordres ; il évite d'avoir des relations avec le gouvernement de la défense nationale, et il engage avec l'ennemi des négociations louches et inavouables que ce dernier prolonge à dessein pour amener la capitulation par la famine. Les vivres n'avaient pas été rationnés et là se retrouve encore l'imprévoyance et l'incurie du commandant en chef, qui n'avait pas songé à prendre des mesures propres, cependant, en permettant de prolonger la résistance, à favoriser ses desseins. — Si Metz avait résisté

un mois de plus — et c'eût été facile en écono-
misant les vivres — le prince Frédéric-Charles
n'aurait pas pu arriver sur la Loire au commencement de novembre ; la victoire de Coulmiers —
où nos jeunes troupes montrèrent la solidité et la
vaillance de vieux soldats — aurait eu, dans ces
conditions, des conséquences bien importantes ;
et les cinq corps d'armée que nous organisions
sur la Loire pouvaient changer absolument les
conditions de la lutte. Bazaine encore une fois
avait manqué à tous ses devoirs. A la fin d'octobre
il n'y avait plus que pour quelques jours de vivres, et les troupes, minées par les privations de
toutes sortes qu'elles avaient endurées, ne pouvaient plus combattre. Pendant ces dernières
heures de souffrances, de tristesses et de deuil,
quand l'épouvantable échéance se rapprochait
tous les jours, inéluctable, Bazaine ne songea
pas un instant à détruire les magasins, les approvisionnements, les armes et les munitions, ni à
brûler les drapeaux : la honte fut complète ;
tout fut livré sans condition, et c'est dans des
fourgons qu'on amena aux Prussiens les aigles
françaises dont ils n'avaient jamais pu s'emparer
sur le champ de bataille (1).

---

(1) Voici les deux documents les plus importants relatifs
à la livraison de nos drapeaux :

La capitulation fut signée le 27 octobre, et le
29 les Allemands entraient dans cette ville jus-

« Ban-Saint-Martin, 27 octobre 1870.

» Monsieur le maréchal,

» Veuillez donner des ordres pour que les aigles des **régiments**
d'infanterie de votre corps d'armée soient recueillies **demain**
matin de bonne heure, par les soins de votre commandant d'artillerie, et transportées à l'arsenal de Metz, où la cavalerie a
déjà déposé les siennes ; vous préviendrez les chefs de **corps**
qu'elles y seront brûlées.

» Ces aigles, enveloppées de leurs étuis, seront emportées **dans**
un fourgon fermé ; le *directeur de l'arsenal les recevra* et en
délivrera des récépissés aux corps.

> » *Le Maréchal en chef,*
> » Signé : Bazaine.

» *A S. E. le Maréchal commandant le 6ᵉ corps.* »

CABINET
du
MARÉCHAL COMMANDANT
EN CHEF

« Ban-Saint-Martin, 28 octobre.

» Ordre.

» D'après la convention militaire signée hier soir 27 octobre,
tout le matériel de guerre, étendards, etc , etc., doit être déposé,
inventorié et conservé intact jusqu'à la paix ; les conditions défi-
nitives de la paix doivent seules en décider.

» En conséquence, le maréchal commandant en chef prescrit
de la manière la plus formelle au colonel de Girels, directeur
d'artillerie à Metz, de recevoir et de garder en lieu fermé tous
les drapeaux qui ont été ou qui seront versés par les corps ; il
ne devra sous aucun prétexte rendre les drapeaux déjà déposés,
de quelque part que la demande en soit faite, commandants de
corps d'armée, généraux, chefs de corps. Le maréchal comman-

qu'alors inviolée, qui avait résisté à Charles-Quint, à Brunswik et à Blücher, et que la famine seule leur avait ouverte.

26 généraux, 2.097 officiers et plus de 40.000 hommes étaient tombés dans les gigantesques batailles qui eurent lieu autour de Metz, et ce n'est qu'avec un profond respect qu'on doit parler de ces Français qui ont arrosé de leur sang la terre de Lorraine, doublement sacrée aujourd'hui.

Siège de Paris.

(19 septembre 1870-28 janvier 1871.)

Nous ne voulons pas, dans ce petit livre, donner un récit complet du siège de Paris. Nous n ous bornerons à indiquer les principaux faits

---

dant en chef rend le colonel de Girels personnellement responsable de cette disposition, qui intéresse au plus haut degré le maintien des clauses de la convention honorable qui a été signée et l'honneur de la parole donnée.

» *Le Maréchal commandant en chef,*

» Signé : BAZAINE.

»*A M. le colonel de Girels, directeur de l'arsenal de Metz.*

On remarquera que la lettre qui prescrit de verser les drapeaux indique qu'ils seront brûlés, et que l'ordre donné pour les recevoir prescrit de les garder en lieu fermé et de ne les rendre sous aucun prétexte et à aucune autorité.

pour montrer encore une fois que les Français
de 1870 étaient loin de ressembler à ceux qui
sont dépeints dans la *Débacle*, et que si les soldats
avaient fait tout leur devoir dans les sanglantes
batailles du début de la guerre, les habitants de
Paris étaient également restés à hauteur des terribles circonstances dans lesquelles ils s'étaient
trouvés.

Dans cette immense agglomération d'hommes,
il y eut des lâches et des traîtres, des voleurs et
des assassins : il y eut d'infâmes bandits qui,
payés peut-être par l'étranger, cherchaient à
organiser la guerre civile en présence de l'ennemi; et il est regrettable que le gouvernement
n'ait été ni assez fort ni assez énergique pour
faire prompte justice de tous ceux qui déshono-
raient le nom français. Mais à côté de cette triste
minorité, la masse de la population parisienne
se montra admirable de courage et de dévouement : pendant plus de quatre mois, elle souffrit
la faim, elle souffrit le froid, elle endura des
privations de toutes sortes, et les cœurs, bien que
brisés par les angoisses de chaque jour, restèrent
hauts et fermes pour le salut de la patrie.

Ce salut était-il possible? N'ayant plus d'armée
pouvions-nous espérer, avec des soldats impro-
visés, rompre le cercle de fer que de vieilles

troupes aguerries et puissamment armées res-
serraient chaque jour autour de nous ? Paris
pouvait fournir environ 600.000 combattants (1).
Un général énergique et ayant la foi aurait peut-
être employé cette force énorme d'une façon
différente qu'on ne l'a fait. Les gardes nationaux
mobiles (100.000 hommes) seraient toujours restés sous les forts pour les soustraire aux mauvaises influences de la vie de Paris. La garde
nationale sédentaire, épurée des 12.000 repris de
justice qui s'y trouvaient, aurait fourni un nombre considérable de solides compagnies de marche composées d'hommes soigneusement choisis,
commandées par des officiers nommés par le gouvernement et non par leurs soldats : on aurait
fait entrer dans le rang tous ces éclaireurs fantaisistes qui *avaient fait un pacte avec la mort* et
qui, à part quelques exceptions, ont donné les
plus mauvais exemples : enfin, dès le début, on
aurait, par des exemples impitoyables, terrifié
les lâches et les coquins qui, comme les héros
de la *Débâcle*, abandonnaient le champ de ba-

---

(1) 60.000 hommes de troupes de ligne composées de recrues et
des débris des régiments ramenés par le général Vinoy ; 100.000
gardes nationaux mobiles animés d'un excellent esprit, mais en
général mal commandés, et environ 400.000 gardes nationaux
sédentaires.

taille en criant qu'ils étaient trahis. Paris était
un camp, et la loi martiale était la seule qui pût
être appliquée à ceux qui étaient chargés de le
défendre : c'était le moment où le salut du peuple devait être la loi suprême. Lorsque toutes
ces forces auraient été organisées et mises dans
la main d'officiers énergiques, on aurait commencé le système des vigoureuses sorties. Chaque
jour et chaque nuit, l'ennemi aurait été attaqué
sur des points différents par de petites troupes
bien déterminées ; il aurait été constamment har-
celé ; ses batteries auraient été sans cesse boule-
versées : on lui aurait disputé pied à pied les
points qu'il voulait occuper, et, quand on aurait voulu entreprendre quelque expédition importante, on aurait toujours envoyé des forces
assez considérables pour ne pas être obligé de
reculer après de petits succès sous le prétexte
que les Prussiens avaient eu le temps de faire
appel à leurs réserves.

Rien de tout cela ne fut fait : les gardes nationaux restèrent inutiles sur les remparts, livrés
à toutes les tentations de l'oisiveté ; les mobiles
alternèrent entre les casernes et les tranchées ; on
laissa l'indiscipline gagner de plus en plus les
esprits, et l'ennemi put s'étendre rapidement tout
autour de Paris et installer, dans la plus grande

tranquillité, sur des points admirablement choisis, ses batteries et ses cantonnements. Le gouvernement n'avait ni le courage, ni l'énergie, ni la foi nécessaires pour essayer de sauver un peuple qui ne demandait cependant qu'à être guidé et à marcher à l'ennemi.

Le lendemain de la fatale journée de Sedan, les Prussiens se dirigeaient sur Paris. Couverts par leur nombreuse cavalerie, sept corps d'armée s'avançaient sans rencontrer aucun obstacle, guidés dans les plus petits sentiers par ces milliers d'espions dont la France était pleine avant la guerre et que nous avions accueillis partout, dans nos fermes, dans nos usines, dans nos ateliers. Ils savaient ce que chaque village pouvait payer et jusqu'à quel point il pouvait être rançonné; ils connaissaient le nombre de voitures et de chevaux qu'il pouvait fournir, le nombre de rations de pain qu'il pouvait cuire dans ses fours, la quantité de soldats qu'il pouvait loger. De Sedan à Paris les étapes furent douces pour les soldats allemands, à travers ce beau pays de France si différent du leur. Le 11 septembre ils étaient à la Ferté, le 12 à Nogent-sur-Seine, le 15 à Senlis et à Créteil; le 18 ils arrivaient devant Paris.

Combat de Châtillon.

Le 19 septembre le général Ducrot occupait avec 4 divisions les hauteurs de Villejuif et de Meudon pour couper la colonne allemande qui cherchait à entourer Paris. Sa petite armée, composée de soldats mal aguerris, ne tint que quelques heures ; il n'y eut qu'une lutte un peu sérieuse d'artillerie. On avait habillé en zouaves des volontaires et des débris de régiments. Au premier coup de feu ils se débandèrent sans avoir brûlé une cartouche, et un grand nombre furent arrêtés par l'infanterie et par la cavalerie de la garde républicaine. Ces lâches déserteurs, qui devaient passer devant la cour martiale et être fusillés, furent relâchés quelques jours après et allèrent grossir la masse des misérables qui préparèrent la guerre civile en organisant des émeutes dans la ville assiégée.

Combat de Villejuif et des Hautes-Bruyères.
(23 septembre.)

Au nord, le général de Bellemare s'emparait du village de Pierrefitte après avoir fait subir à

l'ennemi des pertes assez sérieuses (1), pendant
que l'amiral Saisset le chassait de Drancy. Au
sud le général de Maud'huy enlevait Vitry, le
moulin Saquet, Villejuif et la redoute des Hautes-
Bruyères. Ces points importants nous restèrent
et l'ennemi ne put y établir des batteries. Ces premiers résultats étaient satisfaisants et prouvaient
que le véritable système de défense consistait
dans ces attaques subites sans cesse renouvelées.

Combat de Chevilly. (30 septembre.)

Nos troupes se battirent avec entrain. Mais on
eut le tort, qui devait se reproduire souvent, de
les lancer contre des positions fortifiées et contre
des maisons crénelées qu'on n'avait pas eu le
soin de battre d'abord avec de l'artillerie, et
nous subîmes dès le début d'assez grandes pertes. En outre, nos forces étaient insignifiantes
et en disproportion avec le résultat que nous
voulions atteindre. Les Prussiens eurent bientôt
réuni 30.000 hommes autour du point attaqué
et nous fûmes obligés de battre en retraite.

---

(1) Nous n'avions sur ces points qu'une dizaine de mille hommes, force beaucoup trop grande pour une reconnaissance et
absolument insuffisante pour livrer un combat, conquérir des
positions et s'y maintenir.

(13 octobre.)

Nouveau combat à Châtillon, Clamart et Bagneux. Les mobiles enlèvent ce dernier village de la façon la plus brillante ; mais nos forces étaient encore insuffisantes et après cinq heures de lutte, nous sommes obligés de nous replier.

Combat de la Malmaison. (21 octobre.)

Une sortie est décidée sur Rueil, la Malmaison, la Jonchère et Buzenval : douze mille hommes partent sous les ordres du général Ducrot et s'emparent avec la plus grande vaillance de tous les points importants. Un dernier effort et le chemin de Versailles nous est ouvert. Mais, encore une fois, nos effectifs sont trop faibles, aucun secours n'est envoyé à nos mobiles, et les Prussiens qui appellent à eux toutes les troupes des environs ont bientôt des forces considérables à nous opposer. La lutte n'est plus possible. Victorieux le matin, nous sommes obligés de nous retirer le soir.

Combat du Bourget. (28 octobre.)

Nos troupes, par un hardi coup de main, s'emparent du Bourget dont la possession était pour nous de la plus grande importance (1). Nous nous installons sur la position, mais sans songer à augmenter nos forces, sans y amener un canon. Dans la nuit du 29 au 30, les Prussiens reviennent au nombre de 20.000 appuyés par 48 pièces d'artillerie, et le 30, à 7 heures du matin, commence le bombardement du village. Il fut interrompu à différentes reprises pour laisser marcher à l'assaut les colonnes allemandes, qui furent constamment repoussées. De 7 heures du matin à midi, 20.000 Allemands furent arrêtés par 1.500 Français qui avaient à leur tête les commandants Baroche et Brasseur. Laissés sans secours, ces héros furent tous tués ou faits prisonniers, mais non sans avoir fait subir à l'ennemi des pertes considérables : 34 officiers prussiens et plus de 500 soldats restaient devant cette bicoque défendue par une poignée de Français.

L'abandon si inexplicable de nos soldats produisit à Paris un effet moral des plus désastreux et amena l'insurrection du 31 octobre.

---

(1) Le Bourget fut enlevé par les francs-tireurs de la presse (commandant Rolland), appuyés par la ligne et les mobiles.

Combat de Champigny et de Villiers.

Le 28 novembre commencèrent les opérations qui devaient être le prélude d'une sérieuse tentative de sortie. Une attaque sur l'Hay et Thiais avait pour but d'amener les forces allemandes vers Choisy-le-Roi et de dégager ainsi la boucle de la Marne vers laquelle nous devions opérer. Le passage de la rivière devait avoir lieu le 29 ; mais les ponts n'étaient pas terminés : ils avaient été construits par un ingénieur en chef des ponts et chaussées, et, pour excuser cette faute si grave, on répandit le bruit, absolument inexact, qu'une crue subite de la Marne avait empêché les travaux. Le passage ne s'effectua que le 30 à Joinville et à Saint-Maur. L'armée marcha avec un entrain remarquable. Nous nous emparâmes de Champigny et des premiers plateaux de Villiers : à droite, Mesly et Montmesly ; à gauche, Neuilly-sur-Marne, Ville-Evrard et Bry-sur-Marne furent vigoureusement enlevés. Le même jour, au nord, l'amiral La Roncière s'emparait de Drancy et d'Epinay. Nos troupes avaient lutté sur la Marne pendant quinze heures et il est certain qu'elles avaient besoin de repos. Mais pourquoi ne les a-t-on pas remplacées par des troupes fraîches

qui auraient attaqué Villiers et Chennevières et
en auraient probablement chassé l'ennemi déjà
fortement ébranlé ? Nos réserves ne vinrent pas
et nous avions cependant 33 bataillons de la garde
nationale qui attendaient, l'arme au pied, à Vin-
cennes, l'ordre de marcher. Pourquoi ne pas
avoir eu confiance en eux ? pourquoi les avoir
amenés si on ne devait pas s'en servir ? Pendant
ce temps les Prussiens avaient mis à profit les
longues heures que nous leur avions laissées, et
ils avaient massé 100.000 hommes en face des
positions que nous avions conquises. Jusqu'à
4 heures du soir ils ne purent nous entamer
et ils subirent des pertes énormes. Nous étions
vainqueurs et cependant le 4 décembre, dans une
de ces proclamations dont il avait le secret, le
général Trochu annonçait à la population parisienne que l'armée repassait la Marne et qu'il
était inutile de faire de nouveaux efforts dans une
direction où l'ennemi avait eu le temps de con-
centrer toutes ses forces.

Du 3 au 20 décembre, nous restons inactifs et
on se contente de créer 20 régiments de marche
de la garde nationale, à la tête desquels on place
des lieutenants-colonels nommés par le gouvernement et non plus à l'élection. On revenait ainsi,
mais bien timidement, sur la mesure absurde

qu'on avait prise et qui avait été la cause de nombreux actes d'indiscipline et de démoralisation. Pendant ces dix-sept jours les Prussiens, laissés bien tranquilles derrière leurs retranchements, accumulaient les moyens de défense et arrivaient à élever entre eux et Paris des barrières absolument infranchissables.

Le 18 décembre on annonçait aux Parisiens qu'une grande sortie allait avoir lieu, et il est évident que les Prussiens connurent aussitôt que nous la nouvelle et eurent le temps de se préparer.

Second combat du Bourget. (21 décembre.)

C'est encore vers le Bourget que l'attaque va être dirigée, et le matin du 21 décembre la position est attaquée par les marins qui s'emparent d'une grande partie du village, mais qui sont arrêtés par des murs crénelés, criblés de meurtrières et entourés d'obstacles qu'on n'avait pas cherché, encore une fois, à détruire avant de les faire aborder par nos soldats. Il en fut de même à Stains, que les mobiles de la Seine attaquèrent avec vaillance; à Drancy, à Gurlay, sur tous les points vers lesquels nos troupes furent lancées.

Partout ils trouvèrent au moins deux lignes de
défense formées de barricades, de murs crénelés
et de retranchements rectilignes ou à crémail-
lères, protégés en outre par des branches d'arbres
ou des palissades disposées de façon à empêcher
toute escalade sans gêner le tir des défenseurs.
Les différents postes étaient reliés entre eux par
des tranchées et chaque jour, sur tous les points
du périmètre d'investissement, les moyens de
défense et de résistance étaient augmentés.

Combat de Buzenval. (19 janvier.)

Bien que le général Trochu eût annoncé que
la journée du 21 décembre n'était que le commencement d'une série d'opérations, la garnison de
Paris ne sortit plus jusqu'au 19 janvier. Ce jour-là
une dernière sortie eut encore lieu vers Buzenval
avec Versailles pour objectif. De ce côté, il n'y
avait pas une maison, pas un monticule, pas une
haie, pas un fossé qui ne fût organisé d'une façon
formidable au point de vue défensif. Cent mille
hommes, dont 38.000 gardes nationaux, vinrent
se heurter contre ces défenses infranchissables.
Les gardes nationaux, qui n'avaient pas encore
vu le feu, se tinrent bravement pendant cinq

heures et montrèrent ce qu'on aurait pu obtenir d'eux si on les avait aguerris dès le début. Mais vers le soir, l'ennemi ayant attaqué avec vigueur, des défaillances se produisirent, et le général Trochu donna l'ordre de la retraite. 3.000 hommes restaient sur le champ de bataille.

La sortie de Buzenval fut la dernière. Depuis le 27 décembre, les Prussiens bombardaient Paris : ils le bombardaient sauvagement, cruellement, comme tout ce qu'ils avaient fait pendant la guerre. C'est sur les ambulances et les hôpitaux, partout où flottait le drapeau de Genève, que les coups étaient particulièrement dirigés : le Panthéon, l'hôtel des Invalides et le Jardin-des-Plantes ne furent pas épargnés ; le 26 janvier, pendant les négociations, le bombardement redoubla avec fureur et cessa complètement à minuit. Tout était terminé.

Le 28 janvier une convention établissant un armistice qui devait durer 20 jours était signée à Versailles. Le siège avait duré 4 mois et 12 jours et Paris avait été bombardé pendant un mois entier. « Depuis le 15 janvier, disait une proclaclamation parue au *Journal officiel,* la ration de pain est réduite à 300 grammes ; la ration de cheval, depuis le 15 décembre, n'est que de 30 grammes. La mortalité a plus que triplé ; au

milieu de tant de désastres, il n'y a pas eu un seul
jour de découragement. » Non ! et ce sera le
grand honneur du peuple de Paris devant l'histoire : il ne se découragea jamais ; il donna
toujours et au delà tout ce qui lui fut demandé,
et on aurait pu exiger de lui tout ce qu'on aurait
voulu. Les Parisiens de 1870 ne ressemblaient
pas aux hommes que nous montre la *Débâcle*.
Il a manqué à leur tête un soldat énergique,
ayant une volonté et une main de fer, étranger à
toute espèce de considérations politiques et ne
voyant qu'un but, le salut de la Patrie.

Le 1er mars les Prussiens entraient dans Paris
qu'ils avaient pu bombarder et affamer mais dont
ils n'avaient pu abattre le courage. Ils restèrent
pendant deux jours parqués entre la Seine, la
rue du Faubourg-Saint-Honoré, l'avenue des
Ternes et la place de la Concorde dont les statues
étaient voilées de noir. Pendant ces tristes heures,
la ville tout entière resta enveloppée dans ses
drapeaux de deuil.

Quelques filles qui allèrent causer avec les
Prussiens par dessus les barricades qu'on avait
élevées furent fouettées en place publique, et
les gamins de Paris accompagnèrent de leurs
sifflets le départ des ennemis. Ce n'était pas là
l'entrée qu'avait rêvée le roi de Prusse, le nouvel

empereur d'Allemagne; mais malgré ses victoires et le million d'hommes qu'il traînait
derrière lui, il n'osa pas affronter la colère de
la grande ville agonisante.

C'est ainsi que s'était montré un peuple que la
Débâcle nous représente comme tellement **pourri**
qu'il n'avait jamais eu le courage de se défendre
et qu'un bain de sang avait été nécessaire pour
le régénérer.

Mais comment donc s'étaient conduits les
peuples qui s'étaient trouvés dans une situation
analogue à la nôtre ?

Le 26 octobre 1805, Ulm, le boulevard du
Danube, après six jours d'investissement, se
rendait à discrétion avec 33.000 hommes, 60 canons et 40 drapeaux. Le 28 octobre, Braunau, la
grande place forte de l'Inn, complètement appro-
visionnée, ne cherchait même pas à se défendre.
Le 15 novembre, Vienne ouvrait ses portes
toutes grandes à l'approche des Français. Le 13
mai 1809, cette capitale, protégée par une puissante garnison et de nombreux moyens de défense, capitulait une seconde fois après un bombardement de quelques heures.

Dix jours après Iéna et Auerstædt, le 25 octobre,
Davout s'emparait de Berlin sans tirer un coup de
fusil, et le 27 octobre Napoléon faisait son entrée

triomphále dans la capitale de la Prusse au milieu des acclamations de presque tous les habitants. C'était, dit un auteur allemand (1), « dans l'intérêt de la ville » que le peuple mêlait ses acclamations à celles des officiers français ; la bourgeoisie, en outre, n'en voulait pas à l'empereur qui avait humilié la noblesse prussienne, cause de cette guerre désastreuse. Aucune place forte ne chercha à se défendre : Spandau, Glogau, Francfort, Stettin, Custrin, protégées par une nombreuse garnison et une puissante artillerie, ouvrirent leurs portes sans résistance.

Lubeck se rendit le 7 novembre avec un corps d'armée sur la sommation de quelques escadrons commandés par le général Lasalle. A Magdebourg, qui était considérée comme imprenable et qui avait une garnison de 20.000 hommes, la population se révolta dès les premières bombes et obligea le gouverneur à capituler. « Les capitulations des places, dit l'historien Lavallée, étaient encore plus scandaleuses que celles des corps d'armée ; presque tous ces derniers avaient capitulé en rase campagne et la cavalerie ramassait les escadrons à la course. »

En 1805, d'Ulm à Austerlitz nous avions mis

---

(1) *Bericht eines aügenzeügen* (Récit d'un témoin).

deux mois pour traverser et pour conquérir l'Allemagne. En 1806, un mois avait suffi pour anéantir la puissance militaire de la Prusse; il ne restait au roi Frédéric que 15.000 hommes. Aucune ville n'avait résisté, aucun habitant n'avait pris les armes.

Voici, à titre de curiosité, une proclamation que l'on trouve dans l'ouvrage allemand déjà cité et qui fut faite par les administrateurs de Schweidnitz :

« Amis et concitoyens, nous avons aussi notre part de danger... Mettons notre confiance en Dieu comme ont fait les habitants de Berlin... Si l'ennemi pénètre dans nos murs, nous parviendrons sans doute à l'adoucir par un accueil amical... Il ne manquera pas de nous respecter comme de bons et dignes bourgeois qui savent se tenir en place et s'accommoder des nécessités de la situation. Celui d'entre nous qui, par un faux patriotisme, se laisserait entraîner à quelque tentative de résistance, serait un insensé, traître envers ses concitoyens et envers lui-même.

» Savez-vous quelle est la meilleure manière de sauvegarder vos biens, votre vie et votre santé ?

» Il faut rester bien tranquilles, éviter jusqu'à

la moindre immixtion illicite dans les mesures
de défense, qui sont du ressort exclusif de l'autorité militaire...

» Pour éviter aux gens exaltés des tentatives
dangereuses, toutes les armes à feu, y compris
les pistolets, devront être déposées à la maison
de ville dans les vingt-quatre heures ; après quoi
l'on fera des visites domiciliaires pour s'assurer
que cet ordre de désarmement général, rendu
indispensable par la prochaine arrivée de l'ennemi, a été strictement exécuté. »

Nous ne voulons pas faire ici ce que certains
esprits appellent dédaigneusement du chauvi-
nisme ; mais nous croyons qu'il est bon de rappeler, sans commentaires, ces faits historiques à
une génération qui ne les connaît pas suffisamment : elle pourra ainsi établir des comparaisons
et elle sera moins disposée à croire les récits
imaginaires d'auteurs partiaux qui nous montrent les hommes de 1870 manquant à tous leurs
devoirs et ne faisant rien pour défendre leur patrie. — A Paris comme à Metz, la direction a toujours manqué ; le courage, l'abnégation, le dévouement et le sacrifice n'ont jamais fait défaut
chez la nation. — Le souvenir des exemples qui
nous ont été laissés sera une de nos grandes forces pour l'avenir.

L'armée de l'Est.

La fatalité qui depuis le commencement de la
campagne s'appesantissait sur nos armées allait
les poursuivre jusqu'au bout. La convention
du 28 janvier réglait, dans son article 1er, la
situation des troupes belligérantes, qui conser-
vaient leurs positions respectives séparées par
des lignes nettement indiquées. Mais le dernier
paragraphe de cet article était ainsi conçu : « Les
opérations militaires, sur le terrain des départements du Doubs, du Jura et de la Côte-d'Or, con-
tinueront indépendamment de l'armistice jusqu'au moment où on se sera mis d'accord sur la
ligne de démarcation dont le tracé, à travers les
trois départements mentionnés, a été réservé à
une entente ultérieure. »

L'armée de l'Est qui occupait ces départements
devait donc continuer à prendre toutes les mesures nécessaires pour se défendre et pour obtenir,
si elle était vaincue, les meilleures conditions.
M. Jules Favre, signataire de la convention, ne
se rendit nullement compte de la gravité de la
clause qu'on soumettait à sa signature, et, ce qui
est bien plus étrange, il oublia tout à fait la situa-

tion particulière dans laquelle se trouvait cette
armée.

A la date du 28 janvier (11 h. 15 du soir),
il envoya au gouvernement de Bordeaux une dépêche dans laquelle il prescrivait de porter à la
connaissance de tous qu'une suspension d'armes
de vingt et un jours était signée; mais il oubliait
complètement de notifier la clause spéciale qui
concernait nos troupes de l'Est.

Bourbaki, malgré sa victoire de Villersexel
(9 janvier), n'avait pu réussir à entamer devant
Héricourt les lignes prussiennes défendues par
80.000 hommes et formidablement fortifiées.
Cette position fut, pendant trois jours (15, 16 et
17 janvier), le théâtre d'une des luttes les plus
sanglantes de la fin de la guerre. Pendant trois
jours, nos malheureux mobiles, placés dans des
conditions épouvantables d'infériorité, luttèrent
avec acharnement contre les troupes allemandes.
Le courage et le sacrifice n'étaient pas suffisants.

Désespéré de la situation dans laquelle se
trouvait son armée, sans munitions, sans vêtements et sans vivres, Bourbaki décida la retraite
d'abord sur Besançon, puis sur Pontarlier, et,
après en avoir réglé tous les détails, il tenta de
se suicider.

C'est le général Clinchant, son successeur, qui

reçut, le 28, l'ordre de cesser les hostilités. Il obéit : son armée resta immobile sur ses positions, et les Prussiens, profitant lâchement de l'erreur inexplicable qui venait d'être commise, appelèrent à eux toutes leurs forces, fermèrent tous les passages et nous enserrèrent dans un cercle de fer infranchissable. Le route de Suisse était la seule ouverte : le général Clinchant s'y engagea pour éviter la honte d'une capitulation, et il sauva ainsi son armée et son matériel.

A travers mille difficultés et mille souffrances, mal nourris, mal couverts et marchant presque pieds nus dans la neige par une température des plus glaciales, nos malheureux soldats, victimes encore une fois d'erreurs fatales, entrèrent en Suisse où ils trouvèrent chez tous les habitants l'accueil le plus empressé et le plus fraternel. La loyauté la plus complète et la plus généreuse ne cessa de présider aux règlements de toutes les questions nécessitées par ces internements, et la France n'oubliera jamais le seul témoignage de réelle sympathie qui lui ait été donné par un peuple au milieu de ses désastres.

XII

Le siège de Paris et la Commune.

Nous avons terminé l'examen des questions militaires traitées dans la *Débâcle*. Il nous reste maintenant à dire un mot sur les derniers chapitres, qui nous donnent en quelques pages un résumé du siège de Paris, de l'insurrection communaliste et du rôle de l'armée pendant cette insurrection : de cette dernière, du reste, l'auteur, bien que voulant toujours faire de l'histoire, ne retrace que la fin, « la semaine sanglante, » et il appuie avec une sorte de volupté sur les incendies, les fusillades et sur les souvenirs lugubres qui font saigner le cœur de tout véritable Français. Il décrit longuement toute la partie horrible de cette guerre ; mais après les descriptions des incendies et des massacres, on ne trouve nulle part dans ces pages un mot de pitié pour les malheureux entraînés dans cette lutte fratricide, un mot de commisération pour les égarés, un mot de flétrissure pour les criminels.

Les seuls flétris seront les soldats de la France. C'est le soldat Maurice, le fils de bourgeois, l'avo-

cat lettré et intelligent, qui n'a aucune raison
d'être communard, qui va nous faire assister
au siège des Prussiens et à l'insurrection et nous
donner son opinion sur les événements. Nous
allons résumer ses idées en citant presque tex-
tuellement les principaux passages du livre.

Dès le début, Maurice, bien qu'en face de l'ennemi, a une haine grandissante pour son métier
de soldat. Il croit à la nécessité de la terreur
pour balayer les incapables et les traîtres; il est
anxieux de savoir « *si l'armée française retrou-
vera encore la virilité de se battre* ». Le 31 octobre
il est de concert avec les émeutiers et il regrette
que la Commune n'ait pas pu ce jour-là s'installer à l'Hôtel-de-Ville. Enfin le 19 janvier il constate que, si on a été battu malgré la conduite
héroïque de la garde nationale, c'est que la défaite provient uniquement de l'*imbécillité* et *de la
trahison* des chefs. Le caporal, on le voit, est bien
mûr pour la désertion, et au mois de février il
abandonne son drapeau. Le 18 mars, il se met
avec enthousiasme du côté des insurgés, et à partir de ce moment il approuve tout ce qui se fait :
il s'attelle aux canons de Montmartre pour que
l'Assemblée ne les livre pas aux Prussiens ; et
l'auteur, qui approuve toujours, en les expli-
quant, les idées de son héros, a le soin d'ajouter

que Thiers avait médité ce coup pour que l'Assemblée pût sans crainte proclamer la monarchie à Versailles. Ces aperçus historiques ont dû étonner beaucoup de lecteurs. Thiers du reste n'est qu'un monstre, un assassin, l'homme de tous les mensonges et de tous les crimes. Maurice écoute sans indignation le récit de l'assassinat des généraux : « Il y en aurait toujours bien assez ! Il se rappelait ceux de Sedan, des jouisseurs et des traîtres. » Il applaudit au renversement de la colonne, au décret concernant les otages, et il exprime surtout à chaque instant sa haine pour cette armée « toute fumante de passions réactionnaires, qui s'est toujours fait battre par les Prussiens et qui ne retrouve son énergie que pour vaincre Paris ». Remarquons encore une fois avant d'aller plus loin cette note, toujours la même, qui, sous une forme ou sous une autre, revient à chaque page du livre : Lâcheté de l'armée, imbécillité et trahison des chefs. « On peut en fusiller, dit Maurice, il en restera toujours bien assez. »

La haine pour l'armée, le parti pris de la rabaisser, de la flétrir, se retrouve jusqu'à la fin, et l'auteur nous montre les soldats ne faisant pas de quartier, achevant les blessés et fusillant les hommes, les femmes et les enfants, — alors même que l'ordre de cesser les exécutions était, disait-on, venu de Versailles. Toute l'horreur de cette épouvantable guerre civile retombe sur nos soldats. Des massacres accomplis par les fédérés, de l'assassinat des gendarmes, des prêtres et des otages, des vols et des pillages, il en est à peine question, et pendant que l'auteur nous montre les troupes restées fidèles faisant un métier d'égorgeurs, il nous dépeint les fédérés « réduits à une poignée de braves », défendant héroïquement, pendant deux jours, les hauteurs de Belleville et de Charonne.

Nous ne rechercherons pas dans quel but l'auteur a ajouté l'épisode le plus douloureux de nos guerres civiles à son roman de la guerre étrangère. Ce qu'il y a de certain, c'est que jamais l'apologie de la Commune n'a été présentée d'une façon plus adroite, c'est que jamais les faits n'ont été mieux groupés pour bien faire ressortir le beau rôle des révoltés et l'horreur de la répression : pour ceux qui apprendront l'histoire de la Commune dans la *Débâcle*, Thiers et Mac-Mahon resteront les assassins de Paris, les soldats français seront des bouchers qui n'ont retrouvé un peu de virilité que pour égorger leurs frères, et les fédérés deviendront des héros qui seuls étaient animés de l'amour de la patrie.

Toute la phraséologie courante sur les vingt ans
de pourriture impériale, sur la dégénérescence de
la race et sur les inégalités sociales ; tous les
sophismes qui éblouissent les yeux de l'ignorant,
toutes les rêveries d'un faux humanitarisme qui
ont traîné dans tous les journaux de l'époque,
tout cela se retrouve dans ce livre destiné au peuple ; et toutes ces idées, admirablement groupées
pour frapper l'imagination du lecteur, vont se
répandre partout et seront forcément acceptées
sans contrôle par toutes les natures faibles dont
le jugement sera ainsi absolument faussé et per-
verti.

Depuis cette époque si triste, un grand apai-
sement s'était fait dans les esprits : on avait
presque oublié. C'est commettre un acte cruel,
dangereux et anti-patriotique de venir, après
vingt-cinq ans, remuer ces passions assoupies et
faire revivre la haine en présentant à la jeune
génération, d'une façon absolument partiale, les
faits toujours si douloureux d'une guerre civile.

Pour excuser encore, en dehors de ses théories,
le crime de lèse-patrie commis sous le feu des
canons allemands, l'auteur n'hésite pas à nous
présenter une nouvelle erreur historique en disant : « que l'insurrection était toute naturelle,
parce que c'était une de ces crises morales qu'on

a pu observer à la suite de tous les grands sièges,
l'excès du patriotisme déçu qui, après avoir vainement enflammé les âmes, se change en un
aveugle besoin de vengeance et de destruction. »

Nous ne savons dans quel livre d'histoire fantaisiste l'auteur a puisé ces renseignements. Sans
remonter aux sièges de l'antiquité ou du moyen
âge après lesquels les défenseurs étaient généralement passés au fil de l'épée, — ce qui les mettait
à l'abri de toute crise morale, — nous ne trouvons
nulle part dans l'histoire moderne un crime semblable à celui de l'insurrection communaliste.
Nous ne parlerons pas des grands sièges de Gê-
nes, de Mayence, de Dantzig, où le patriotisme
n'était pas directement en jeu. Il n'y a eu en réa-
lité que deux sièges qui puissent se comparer à
celui de Paris : ce sont les sièges de Saragosse en
1808 et 1809 et le siège de Sébastopol qui dura un
an. Dans ces deux villes le peuple lutta avec le
plus grand courage et ne songea pas, quand il fut
vaincu, à fusiller les soldats et à brûler les bâti-
ments épargnés par les boulets. Aussi, on ne fut
pas obligé d'inventer pour ces populations, qui
avaient souffert moralement et physiquement
autant que les Parisiens, une nouvelle maladie
qu'on a décorée du nom pompeux de *fièvre obsi-
dionale*. Cette fièvre devait tout excuser, et l'au-

teur, contrairement à la vérité historique, n'hésite pas à nous dire qu'on l'a remarquée à la suite
de tous les sièges et que, par suite, les malheureux malades qui en étaient atteints doivent tous
être absous ; non, ils ne peuvent pas tous être
absous et ils ne le seront jamais devant l'histoire.

Il y eut en effet, dans Paris vaincu, une fièvre
épouvantable : c'était la fièvre des appétits de
toutes sortes qui voulaient être satisfaits ; la fièvre
des ambitieux convoitant le pouvoir ; la fièvre des
paresseux ne voulant rien faire ; la fièvre des voleurs et des assassins qui pullulaient dans la
grande ville et qui ne voulaient pas retomber
sous un ordre régulier. Ce furent les hommes
atteints de ces fièvres, — qui n'avaient aucun
rapport avec les souffrances du siège, — et auxquels se joignirent quelques idéologues et quelques patriotes au cerveau mal équilibré, qui firent
la Commune et qui entraînèrent à leur suite une
masse de braves gens faibles, indécis et peureux.
Ceux-ci, malgré le mal qu'ils firent, ont droit à
toute notre pitié, à toute notre indulgence ; ceux-
là ne seront jamais assez flétris.

———

XIII

Français et Allemands d'après la « Débâcle »

Nous avons cherché dans cette courte étude à rétablir la vérité des faits historiques constamment violés ou dénaturés dans l'ouvrage que nous avons analysé; nous avons cherché à démontrer que la *Débâcle*, loin d'être un livre d'histoire, n'était qu'un libelle présentant non seulement l'armée, mais la France entière sous un jour des plus odieux : que cette œuvre enfin était des plus dissolvantes et des plus dangereuses, et qu'elle ne pouvait qu'abaisser les caractères, en montrant partout la lâcheté et l'égoïsme, en semant la haine et la défiance, en provoquant à l'indiscipline, à la révolte et à la désertion.

Il y a eu évidemment en 1870, comme il y en a eu à toutes les époques et dans toutes les armées, de mauvais soldats, des lâches et des indisciplinés. Mais l'auteur qui dans tous ses romans ne nous a jamais montré que le côté bestial de

l'homme aurait dû, par patriotisme et par devoir
d'écrivain honnête et consciencieux, faire une
exception pour cette œuvre qu'il nous donne
comme une page d'histoire, et après nous avoir
dépeint ceux qui forment l'écume de la France
et de l'armée, il aurait dû nous montrer ceux qui
en ont été l'honneur. Il ne l'a pas voulu : et son
livre est fait de telle sorte que le lecteur, après
l'avoir fermé, reste convaincu que la France
entière était pourrie jusqu'aux moelles, et que
toutes les classes de la société, depuis le paysan
Fouchard, qui s'enrichit avec les Prussiens,
jusqu'au bourgeois Delaherche, qui veut la paix
à n'importe quel prix pourvu qu'on ne touche
pas à ses immeubles, ne se composaient que
d'êtres dégradés, sans conscience, sans patriotisme et sans honneur.

D'un bout à l'autre de ce livre, on ne trouve
chez les Français que lâcheté, égoïsme, igno-
rance, indiscipline et trahison. Par contre, et
c'est ce qu'il y a de plus étonnant dans cette
œuvre déjà si extraordinaire, c'est que chaque
fois que l'auteur parle des Allemands, ce n'est
que pour en faire l'éloge.

C'est avec admiration qu'il expose les manœuvres stratégiques des ennemis, tandis qu'il ne
parle des nôtres qu'avec mépris ou dérision.

Il nous montre les soldats allemands marchant toujours dans le plus grand ordre, silencieux, disciplinés, esclaves de la consigne et du devoir. On les voit « se promener par petits groupes, chantant d'une voix lente et grave pour célébrer le dimanche ». Des milliers de voix entonnent des hymnes au Dieu de la victoire et à la patrie absente; et, à côté, nos soldats, indisciplinés, vantards, fainéants et frivoles, se révoltent, pillent, assassinent, font de grossières plaisanteries sur la religion et n'ont pas assez de railleries pour ceux qui la pratiquent..... Page 427, on assiste à l'occupation d'une ferme par les Prussiens. Ah! ce ne sont plus des soldats français s'enivrant, insultant leurs chefs et volant le paysan; ce sont des hommes calmes, tranquilles et doux, les modèles de toutes les vertus.

Lisez cette idylle : « Dans la ferme, il n'y avait que des Prussiens en compagnie d'une femme et de son enfant revenus des bois où ils avaient failli mourir de faim et de soif. C'était un coin de patriarcale bonhomie, d'honnête repos, après les fatigues des jours précédents. Des soldats brossaient soigneusement leurs uniformes étendus sur la corde à sécher le linge. Un autre achevait une habile reprise à son pantalon, tandis que le cuisinier du poste, au milieu de la cour,

avait allumé un grand feu sur lequel bouillait la
soupe, une grosse marmite qui exhalait une
bonne odeur de choux et de lard. Déjà la conquête s'organisait avec une tranquillité, une discipline parfaites. On aurait dit de bons bourgeois,
rentrés chez eux, fumant leurs grosses pipes. Sur
un banc, à la porte, un gros homme roux avait
pris dans ses bras l'enfant de la servante, un
bambin de 5 à 6 ans, et il le faisait sauter ; il lui
disait en allemand des mots de caresse, très
amusé de voir l'enfant rire de cette langue étrangère, aux rudes syllabes, qu'il ne comprenait
pas. Ces Prussiens-là étaient évidemment du
brave monde. » Et cet épisode se passait près de
Sedan, le lendemain des massacres de Bazeilles
dont l'auteur ne dit pas un mot.

Cette page est odieuse. Nous admettons parfaitement que certaines fermes isolées aient été
épargnées, et que les Prussiens ne se soient pas
toujours conduits comme au temps de la guerre
de Trente ans. Mais ce fut une exception. Et pourquoi l'auteur-historien, qui ne montre que le mal
chez les Français, ne montre-t-il que le bien chez
nos ennemis ? Pourquoi n'y a-t-il pas en France
et dans l'armée française un seul patriote, ni un
seul honnête homme, alors que nous ne voyons
chez les Allemands que de braves gens, de bons

soldats, de parfaits officiers? Si la caractéristique
de M. Zola est de ne décrire que l'ignoble, comment
se fait-il qu'il n'ait pu trouver dans l'armée allemande un seul type de ce genre particulier qu'il
voit partout dans notre pays? Mais où donc était
l'auteur pendant la guerre? Ses biographes ne
nous éclairent pas sur cette question, et s'il n'a
pas assisté à l'invasion, où donc a-t-il pris ses
renseignements, lui qui a la réputation de se
documenter si exactement avant de parler des
choses qu'il ne connaît pas? Il n'a donc jamais
causé avec un habitant des provinces envahies?
il n'a jamais entendu parler des exécutions som-
maires, des pillages autorisés, des incendies
régulièrement préparés, des vols et des violences
de toutes sortes qui ont terrifié nos populations?
il ne sait donc pas que lorsque les Prussiens
arrivaient la nuit dans un village ils chassaient
de leur lit les femmes et les enfants pour s'y installer à leur place; que les malheureux paysans
requis pour les charrois n'avaient rien à manger
et qu'ils étaient roués de coups quand la fatigue
les forçait de s'arrêter? que nos prisonniers,
traités avec la plus grande barbarie, ont été en
butte à toutes les souffrances et à toutes les humiliations; qu'ils ont été frappés à coups de crosse
ou attachés derrière les voitures quand ils ne

pouvaient plus suivre les colonnes, et fusillés
au moindre signe de désobéissance ?

Non : l'auteur ne sait rien de tout cela et ceux
qui le liront n'en sauront pas davantage ; ils
apprendront seulement que les Prussiens étaient
en général « du brave monde », occupant les fermes comme de bons bourgeois restant dans leur
maison, tandis que nos soldats n'étaient que des
bandits qui les mettaient au pillage.

Quant aux officiers, ce ne sont plus comme les
nôtres des freluquets, des idiots ou des ignorants.
Nous n'en voyons que deux, mais quels hommes !
Calmes, dignes, bien élevés, serviables et « toujours admirablement tenus dans leur uniforme ».
L'un, le capitaine de Gartlauben, fait à Sedan les
délices de la maison Delaherche. On prend le thé
en famille et on passe des soirées charmantes
pendant que la ville et le pays continuent leur
agonie ; et la délicieuse madame Delaherche qui,
comme toutes les héroïnes de l'auteur, ne compte
plus ses amants, est enchantée de faire la conquête du Prussien. L'autre est un bel officier de
la garde, le capitaine Otto, « qui remplit ses yeux
de la monstrueuse fête que lui donne le spectacle
de la Babylone en flammes, qui dit sa haine de
race, sa conviction d'être en France le justicier
envoyé par le Dieu des armées pour punir un

peuple pervers. Paris brûlait en punition de ses siècles de vie mauvaise, du long amas de ses crimes et de ses débauches. De nouveau les Germains sauveraient le monde et balayeraient les dernières poussières de la corruption latine. »

En lisant les passages relatifs à l'armée allemande, on croit lire, chose étrange ! des extraits de ces petits volumes qui sont répandus par milliers de l'autre côté des Vosges, dans les écoles et parmi le peuple. Dans ce pays, on n'a jamais écrit d'ouvrage comme la *Débâcle :* on n'a jamais cherché, sous le prétexte d'instruire le peuple et de lui donner, comme dit la préface du livre, une leçon utile, à lui enlever toute confiance dans l'avenir en lui montrant que tout était pourri autour de lui ; on n'a jamais cherché à déprimer les caractères et à humilier les âmes en ne décrivant que des monstruosités morales, grouillant au milieu de scènes de révolte, de pillage, d'assassinat et de lâcheté. Non : depuis bientôt un siècle, on parle aux enfants et au peuple de la grandeur de la nation allemande, du rôle qu'elle joue et de celui qu'elle est appelée à jouer : on pétrit les âmes dans le culte de la patrie et de l'honneur : on exalte tous les nobles sentiments : on raconte partout les hauts faits de l'armée allemande, son courage, son abnégation, son dé-

vouement : on enseigne à tous le respect absolu
pour les chefs, la confiance entière dans ceux qui
dirigent, et par-dessus tout la haine de l'étranger,
et on arrive ainsi à avoir dans chaque Allemand
un soldat doué d'une force morale énorme, parce
qu'il est convaincu qu'il est le plus fort et le plus
brave, que ses chefs sont les plus savants, que
ses armes sont les meilleures, qu'il a une mission
à remplir et qu'il peut marcher en toute confiance
pour Dieu, pour l'empereur et pour la patrie (1).
Voilà l'idée allemande : et, il ne faut pas l'oublier,
c'est l'idée seule qui fait faire de grandes choses.
Les armées des Grecs, des Romains et des Arabes,
et de nos jours celles de la République et celles
de Napoléon, n'ont accompli les prodiges que
nous admirons encore aujourd'hui que parce
que tous les soldats qui les composaient avaient
dans leur âme, et au plus haut degré, le culte
d'une idée. Ce culte, ce fétichisme si l'on veut,
c'est pour nous aujourd'hui celui de la patrie. La
génération actuelle vit dans l'époque la plus terrible et la plus solennelle de notre histoire : c'est

(1) L'atlas le plus répandu en Allemagne est celui d'Herman
Habenicht, dans lequel se trouve une carte qui enlève à la
France la Bourgogne, la Franche-Comté, la Lorraine et les dépar-
tements qui sont sur la frontière belge, avec cette devise :
« L'Allemagne n'a encore repris qu'une partie des provinces
perdues. »

d'elle, il ne faut pas se le dissimuler, et nos ennemis nous l'ont bien fait comprendre, que dépend l'existence de la France.

D'autre part, nous traversons en ce moment une crise morale qui paraît grave et dans laquelle toutes les idées de vertu, d'honnêteté, de respect et d'honneur sont momentanément obscurcies : le matérialisme, qui présente comme le but unique de la vie la satisfaction de tous les appétits, paraît s'infiltrer de plus en plus dans les esprits, et la *Débâcle* ne peut que nous confirmer dans cette idée, puisqu'elle ne nous montre — en dehors des Allemands, — ni un honnête homme, ni un soldat pensant à la patrie et se dévouant pour elle.

Heureusement qu'il n'en est pas ainsi et que la France renferme d'autres hommes que les Fouchard et les Delaherche, d'autres soldats que les Maurice, les Loubet et les Chouteau. Du reste, s'il en existe encore à la prochaine guerre, les cours martiales en auront vite débarrassé l'armée. Mais en attendant il faut reconnaître qu'il y a en France, dans une certaine partie de la nation, un courant dissolvant entretenu par de malsaines publications qui ont de nombreux lecteurs. On ne parle dans ces livres ni de patrie, ni de devoir, ni d'honneur; mais on y sape toutes les croyances, on y détruit tout principe d'autorité, on y tourne en dérision tout ce qui était autrefois l'objet de tous nos respects, tout ce qui fait la force d'un peuple. Le ventre est l'idéal; après lui, il n'y a rien.

Le maître a fait de nombreux élèves.

On ne peut évidemment pas empêcher la lecture de ces livres, mais il faut chercher à enrayer le plus tôt possible le mal qu'ils peuvent faire. Demain, il serait peut-être trop tard.

Nous voulons fortifier physiquement la jeunesse pour qu'elle supporte vaillamment les fatigues futures; c'est bien, mais ce n'est pas tout. Pour lutter contre les idées malsaines et contre les influences démoralisatrices qui nous envahissent peu à peu, il faut donner à cette même jeunesse une forte éducation patriotique; il le faut à tout prix, le salut est là. Cette éducation est absolument indispensable à une époque troublée comme la nôtre, où la nation tout entière est destinée à combattre, et où il faut que ceux qui seront appelés demain à mourir pour une idée aient dans le cœur d'autres aspirations que celles que donnent l'égoïsme et le désir des satisfactions matérielles.

CONCLUSION

—

L'Education patriotique.

L'éducation patriotique dont nous venons de parler est, nous le savons, commencée à l'école et les instituteurs ont entre les mains d'excellents ouvrages où il est parlé des grands sentiments qui font le grand citoyen. Mais les enfants quittent l'école de bonne heure pour entrer dans la vie et immédiatement ils sont absorbés par les préoccupations de la lutte de chaque jour. Les journaux et les romans ne leur parleront pas de ces idées abstraites, absolument inutiles, du reste, pour jouir de la vie, pour faire fortune, et quand les enfants, devenus hommes, arrivent au régiment, ils ont perdu le souvenir des leçons premières qu'ils n'avaient généralement pas bien comprises et qui s'étaient peu gravées dans leur cerveau d'écolier. Et cependant, toutes ces grandes idées morales sont absolument indispensables au soldat, à l'homme auquel vous demanderez demain de vous donner sa vie. S'il ne sait pas ce que c'est que la patrie, comment voulez-vous exiger qu'il se fasse tuer pour elle ? Si on ne lui a pas appris le dévouement et l'abnégation, si on

ne l'a pas absolument convaincu que le premier
devoir d'un soldat est de courir sans hésiter au
danger, sur un mot, sur un signe de ses chefs,
comment voulez-vous exiger de lui un pareil sacrifice? Vous pourrez vous trouver alors en présence d'hommes comme ceux que vous montre
la *Débâcle* et qui sont absolument logiques avec
eux-mêmes lorsqu'ils disent : «Pourquoi suis-je
ici plutôt qu'un autre ? Pourquoi aller risquer ma
peau pour des choses que je ne comprends pas ?
— Le courage, vous dira Loubet, ça ne sert qu'à
se faire tuer, et à quoi bon se faire tuer ? Il vaut
bien mieux déserter et aller, comme Prosper,
servir, même pour rien, chez le père Fouchard. »
Pour excuser leur couardise et entraîner avec
eux le plus grand nombre d'êtres faibles, ils re-
prendront les théories de Chouteau sur l'imbécillité et la trahison des chefs, auxquels on donne
des millions pour faire tuer le pauvre monde; ils
refuseront de marcher si la distribution de pain
n'est pas faite, et, de raisonnements en raisonnements, ils en arriveront à jeter leur fusil et
leur sac, parce qu'ils ne sont pas des bêtes de
somme; à fuir le champ de bataille parce qu'on
ne peut y recevoir que de mauvais coups; à piller le paysan pour faire bonne chère; à assassi-
ner leur camarade pour avoir un morceau de

pain, et à faire la Commune, pour pouvoir, comme Chouteau, porter beaucoup de galons et dévaliser les ministères.

Voilà les exemples dont pourront se souvenir certains lecteurs de la *Débâcle*, et, nous le répétons, les faits sont si bien présentés, que tous ceux qui n'ont appris la morale et le devoir que dans les romans du jour trouveront que ces soldats ont parfaitement raison. C'est pourquoi, et nous ne saurions nous aussi trop insister sur notre pensée, nous trouvons que ce livre est antipatriotique et des plus dangereux. Sans doute les mauvais esprits qui accepteront ces théories ne sont aujourd'hui qu'une infime minorité dans la nation, mais il faut empêcher à tout prix que leur nombre augmente, et il faut fortifier moralement les natures faibles et indécises pour qu'au jour du danger elles rejettent bien loin d'elles les conseils pernicieux qui pourraient leur être donnés. La discipline seule sera impuissante à maintenir dans nos mains trois millions d'hommes, et il faudra que ces masses soient guidées par d'autres idées que par la crainte des cours martiales.

Au jour de la prochaine lutte nous nous trouverons en présence d'une nation qui ne nous sera supérieure ni par le courage, ni par l'armement,

ni par l'organisation, mais il ne faut pas oublier
qu'elle possèdera une grande force morale grâce
au souvenir de ses triomphes, à sa discipline, à
son dévouement absolu à ses chefs, à l'idée de
patrie et à la haine qu'elle nous porte. Cette force
morale, facteur des plus importants qu'il ne faut
pas négliger, nous pouvons la posséder à un degré au moins égal si nous réveillons dans tous
les cœurs les bons sentiments qui ne sont qu'en-
dormis.

Depuis un quart de siècle nous faisons tous nos
efforts pour améliorer chaque jour l'instruction
militaire; mais nous devons nous occuper également de l'instruction patriotique, qui n'a été
qu'ébauchée à l'école et qui doit être continuée
au régiment : il faut que l'armée devienne d'une
façon sérieuse et complète la grande éducatrice
de la nation, et que la France, qui passe tout
entière sous les drapeaux, y trouve non seulement
l'éducation du soldat, mais celle du patriote. Nos
officiers seront à la hauteur de la grande mission qu'ils auront à remplir.

Sans doute le temps est limité, et on doit d'a-
bord songer à apprendre à l'homme son métier,
à le rendre fort, agile et vigoureux ; mais à côté
du corps il y a l'âme, l'intelligence si on veut,
dont on ne s'occupe pas assez, et qui doit, elle

aussi, être saine et bien trempée. On trouvera
facilement dans les tableaux de travail à rogner
quelques quarts d'heure sur les exercices physiques, pour les employer à élever les âmes et à
fortifier les cœurs. Ce temps ne sera pas du temps
perdu. Enfin, de la soupe du soir au coucher, les
soirées sont bien longues, surtout pendant l'hiver,
et il ne faut pas perdre de vue que toutes les
heures employées utilement à la caserne sont enlevées au cabaret.

Les Allemands ne négligent aucune occasion
d'augmenter la force morale de leurs soldats ;
leurs enseignements et leurs théories sur cette
importante question sont incessants. Nous leur
empruntons beaucoup d'idées; ne laissons pas
de côté les meilleures.

Vingt-cinq ans après la guerre que nous avons
presque oubliée, en pleine paix, l'empereur
d'Allemagne vient d'ordonner à tous les régiments
de faire choix, pour célébrer leur fête, d'un jour
anniversaire de la guerre de 1870, à l'exclusion
de toute autre guerre. Chaque régiment prendra
évidemment une date différente, et de cette façon
il y aura presque chaque jour dans le pays une
grande fête militaire à laquelle seront conviés,
comme de coutume, les hommes de la landwehr
et de la landsturm. Des orateurs feront le récit de

la journée dont la fête est destinée à rappeler le
souvenir ; on parlera de l'ennemi héréditaire, de
la France toujours prête à se ruer sur l'Allemagne
la torche à la main ; on parlera de ses riches
campagnes, de ses maisons et de ses châteaux
où le vainqueur trouve tout en abondance. Puis
on exaltera les vertus de l'armée allemande, ses
hauts faits et le rôle qu'elle est appelée à jouer
dans l'histoire. On parlera des morts ; on dira
comment ils ont été vengés ; on boira aux triomphes du passé et à ceux de l'avenir et on entonnera
le refrain célèbre : « Allemagne, Allemagne, au-
dessus de tout. » Le lendemain, les journaux
feront connaître à tous le détail de ces fêtes patriotiques, et iront réveiller chez les plus indiffé-
rents les idées de conquête, de vengeance, de
pillage et de destruction. L'Allemagne ne pensait
plus assez à la guerre de 1870, son empereur veut
que ce souvenir sanglant soit rappelé chaque
année dans des fêtes populaires pour que les
haines ne puissent pas s'éteindre.

Cette nouvelle décision de l'empereur Guillaume
doit faire réfléchir profondément tous les hommes
sérieux : elle vient, après tant d'autres preuves,
nous montrer le système employé pour diriger
l'esprit allemand, et pour faire entrer le peuple
entier, avec toutes ses forces, dans ce redoutable

courant que l'on veut pouvoir diriger un jour contre nous.

Il est grand temps de faire quelque chose dans cet ordre d'idées; ceux qui sont chargés des destinées de la France doivent veiller, écouter et agir. Le jour de la fête du régiment et lorsqu'on présente les drapeaux aux réservistes, les colonels rappellent en quelques paroles les gloires qui entourent l'emblème de la patrie. Cela n'est pas suffisant. Il faudrait, en outre, plusieurs fois par semaine, et sous la direction des officiers, faire aux soldats de petites conférences sur notre histoire militaire; il faudrait, par des lectures intéressantes, leur faire connaître un résumé de nos principales guerres et les hauts faits de nos aïeux; leur montrer les actes héroïques de courage et de dévouement dont nos annales sont remplies, sans leur cacher les lâchetés et les faiblesses qui ont pu se produire et dont on leur expliquerait les conséquences. Il faudrait exalter leur patriotisme en leur lisant le récit de toutes les cruautés inutiles commises par nos vainqueurs de 1870: les exécutions, les pillages, les incendies; leur faire bien comprendre que la prochaine guerre sera encore plus terrible, qu'elle sera pour nous une question d'existence, et que, pour être certain de la victoire, chaque Français devra être prêt à tout sacrifier pour le salut de la patrie.

Après avoir parlé des temps passés, on ferait connaître aux hommes notre situation actuelle : on leur enseignerait qu'aujourd'hui les désastres de 1870 ne sont plus à craindre ; que nos magasins et nos arsenaux sont remplis; que nos places fortes sont armées ; que le service des ambulances et des approvisionnements est complètement organisé; que tout est prévu pour une prompte mobilisation ; que notre armement est au moins égal à celui de nos adversaires, et que notre organisation nous permet de mettre en ligne trois millions de combattants. Tels sont, suivant nous, avec les grandes notions de discipline, de devoir et d'honneur, les principaux sujets qui devraient être succinctement et simplement traités dans de petits livres comme il en existe tant en Allemagne. Ils devraient être rédigés de façon à se trouver à la portée de tous, et nous aurions ainsi une véritable théorie patriotique dans laquelle les soldats, à côté des beaux exemples du passé, puiseraient une confiance complète dans le présent et dans l'avenir. Rentrés dans leurs foyers, ils sèmeraient autour d'eux les idées qu'on leur aurait données; ils seraient fiers d'avoir appris quelques notions d'histoire militaire, de connaître les faits glorieux, non seulement de leur régiment, mais de tous les régiments de France, et de pouvoir parler, en gens un peu instruits, de notre organisation actuelle et de l'état des forces que le pays peut opposer à l'invasion.

Nous savons qu'il existe déjà un grand nombre de ces petits livres; mais ils ne sont pas réglementés et les matières qu'ils renferment ne sont pas l'objet de théories sérieuses auxquelles les chefs devraient attacher la plus grande importance. Malheureusement, cette idée de transformer les officiers en professeurs d'histoire et de morale est loin d'être acceptée par tous; on en exagère les difficultés; on ne veut pas en dire le côté pratique ; on en conteste l'opportunité et on croit avoir tout fait lorsqu'on a appris à l'homme le maniement de ses armes. L'erreur est grave. Si vous n'avez façonné que la matière, vous n'aurez rien fait, car la matière seule ne peut pas lutter contre les privations qu'on lui impose, contre les sacrifices qu'on lui demande, contre le découragement.

Au début, ces conférences pourront paraître inutiles, et on pourra tout d'abord en contester les résultats; on en rira comme on rit de toute innovation et les loustics des compagnies trou-

veront dans ce sujet matière à de bonnes plaisanteries. Mais les braves gens, — et ils sont
nombreux, — laisseront rire ; ils écouteront, ré-
fléchiront et s'instruiront. — Beaucoup d'erreurs
pourront ainsi être redressées ; un grand nombre
d'idées nouvelles, qui contribueront à assainir
l'atmosphère morale du pays, seront mises en
circulation et l'armée deviendra ainsi une véritable école de patriotisme dans laquelle les jeunes générations viendront apprendre non seulement le métier de soldat, mais encore toutes les
grandes vertus qui le rendent invincible : l'honneur, le devoir, l'obéissance, l'abnégation, l'amour
de la France et la haine de ses ennemis.

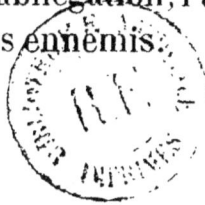

TABLE DES MATIÈRES

Paris et Limoges. — Imp. militaire HENRI CHARLES-LAVAUZELLE

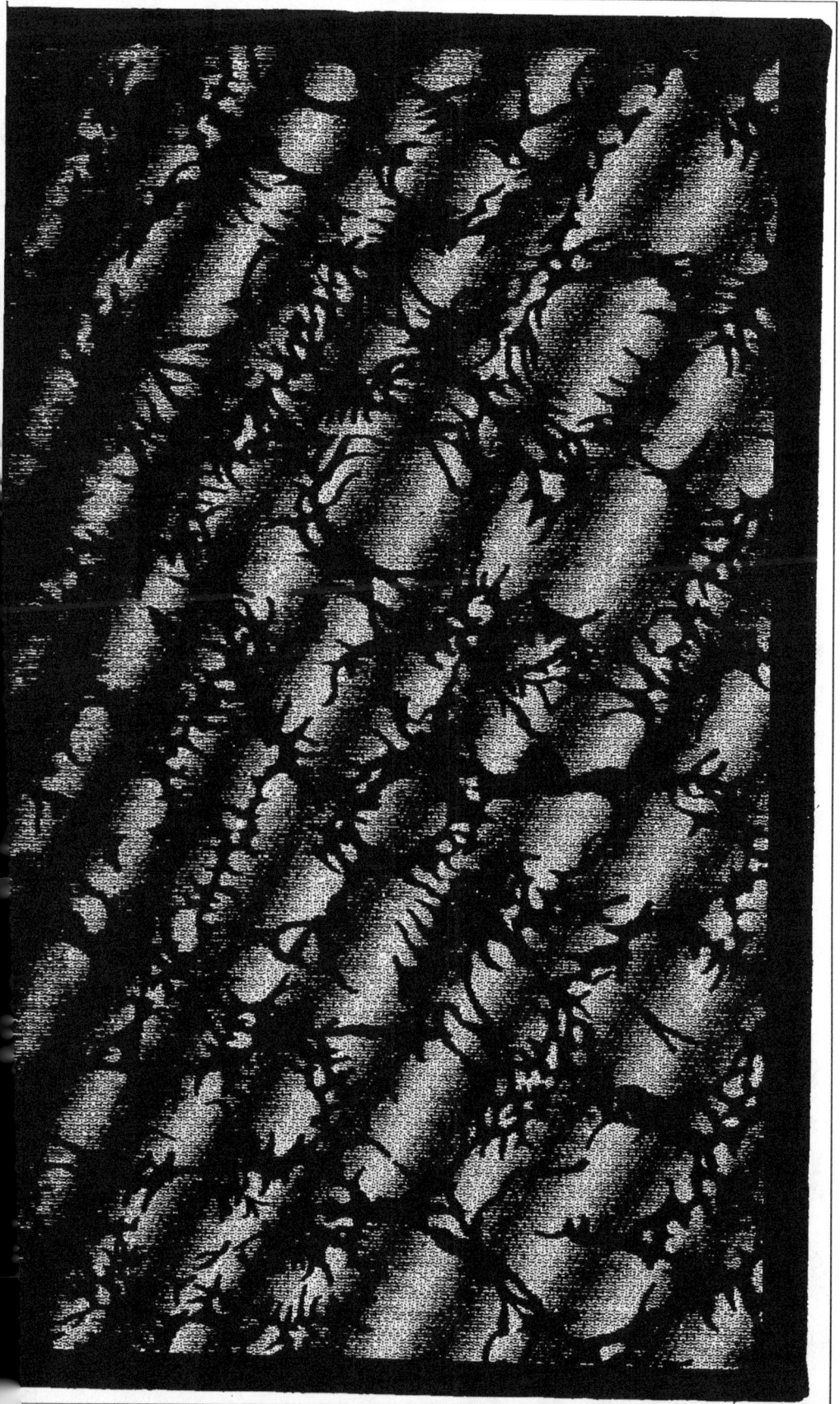

www.ingramcontent.com/pod-product-compliance
Lightning Source LLC
Chambersburg PA
CBHW071959090426
42740CB00011B/2000